THE LAW OF ONE BOOK III

BY RA, AN HUMBLE MESSENGER OF THE LAW OF ONE

ラー文書
「一なるものの法則」
第三巻

ドン・エルキンズ、カーラ・L・ルカート
ジェームズ・マッカーティ著
紫上はとる 訳

ナチュラルスピリット

THE LAW OF ONE
BOOK Ⅲ

ラー文書

「一なるものの法則」第二巻

ラー文書
「一なるものの法則」第三巻

CONTENTS

序文
introduction

三人の著者について

ドン・エルキンズ

一九三〇年ケンタッキー州ルイビル市生まれ。四つの学位をもち、アラスカ大学で機械工学、ルイビル大学で物理と工学の教鞭をとる。一九六五年に終身在職権をもつ物理学教授としての職位を辞して、成人後の人生のすべてをかけた探究に没頭し、調査に勤《いそ》しむ。その結果の一つが本書であると言える。エルキンズは大手航空会社のボーイング７２７型機の機長も務めていた。一九八四年一一月七日に逝去。

カーラ・L・ルカート

一九四三年イリノイ州レイクフォレスト市生まれ。図書館学で修士号を取得し、司書ならびに書誌学者として短大等の学校図書館に六年間勤務したあと、一九七〇年より、ドン・エルキンズとその研究調査を補佐することに専念。マッカーティと結婚。二〇一五年四月に逝去。

ジェームズ・マッカーティ

一九四七年ネブラスカ州カーニー市生まれ。フロリダ大学において教育学で修士号を取得したあと、ケンタッキー州中部の森林に引きこもり、丸太小屋で暮らす自給自足のライフスタイルを実践。一九七七年にロック・クリーク・リサーチ *Rock Creek Research* と開発研究所 *Development Laboratories* を設立。一九八〇年にドン・エルキンズとカーラ・ルカートの調査に合流。ルカートと結婚。

◎序文

私たちの研究グループは一九八一年一月一五日に、社会的記憶複合体ラーとの交信を始めました。その交信からは**一なるものの法則**と〝**一なるものの法則**のゆがみ※〟がいくつかもたらされました。本書『ラー文書「一なるものの法則」』第三巻は、**ラー**とのやりとり（セッション51からセッション75まで）の録音を正確に文字起こししたもので、ごく個人的なことがらを除外したことをのぞいて、編集は一切なされていません。

この文書は、私たちが長年のＵＦＯ現象の研究で培ってきたものの見方を前提としているため、私たちのこれまでの実績を収めた拙著『ＵＦＯの秘密（仮題）Secrets of the Ufo』が本書の理解に役立つかもしれません。また、本書に先立つ『ラー文書「一なるものの法則」』第一巻と第二巻には、過去におこなわれたラーとの50回に及ぶセッションが収載されています。概念の構築は、それ以前の概念に基づいてなされるため、できればそれらも合わせて読まれることをお薦めします。ラーとのセッションは全部で１０６回におよび、**一なるものの法則**シリーズの四冊に編纂《へんさん》されています。

それらは書店以外に、ホイットフォード・プレス社や私たちからもお求めいただけます。私たちの選り抜きのチャネリング情報が掲載された季刊ニュースレターをご希望の方は、メーリングリストへの登録をご検討いただければ幸いです。

※　**ゆがみ**　**一なるものの法則**（の振動／波動）でないもの、あるいは**一なるものの法則**から変化、派生したもの、状態、性質、現象など。本書では第一のゆがみが「自由意思」、第二のゆがみが「愛」であると説明されている。

本書、『ラー文書「一なるものの法則」』第三巻では、私たちの地球が四次元への収穫に備えるなか、私たちがいかに効率よくエネルギー中枢のバランスをとり、極性化を達成するかという点に集中的に取り組んでいます。また、時間／空間と空間／時間の性質を考察し、瞑想と魔法の影響力や問題のいくつかを論じています。そしてさらに、オリオン・グループとサイキック攻撃に関する多くの資料を提示し、巻末では原型的な心《マインド》の在り方にも言及しています。

L／Lリサーチ

一九八二年三月一七日

ケンタッキー州ルイビル市にて

{session《セッション》 51-75}

質問者とラーによるQ&A

session《セッション》 51

May 13, 1981

ラー　私はラー。一なる無限の創造主の愛と光のなかから親愛のごあいさつを送ります。私たちは今から交信します。

質問者　『ラー文書　一なるものの法則』第三巻を始めるにあたり、私の手もとには、けっしてその場かぎりのものではない、重要性を有するいくつかの質問と、私が尋ねる義務を感じている、おそらくその場かぎりの質問が一つあります。

まず、収穫に関して最終的に明確にしておきたい点があります。それは、収穫には監視が必要なのかということです。もし必要であるなら、人／存在が収穫に値するかどうかは紫色光線によって決まるとのことなので、なぜ監視が必要になるのか、またそれはどのようになされるのか教えてください。収穫は、監視の下に起こるのでしょうか、それとも自動的に進行するのでしょうか？

ラー　私はラー。収穫の時にはかならず収穫者がいます。果実はそのままでも実るのですが、この豊かなめぐみが確実に傷や痛みのない状態にあるためには、ある程度の監視が必要なのです。

三つのレベルの存在たちが収穫を見守っています。

一つめは、〝天使のような存在〟と呼びうる惑星レベルの存在です。このタイプの監視には、収穫される人の心《マインド》／身体《ボディ》／霊《スピリット》複合体の総体または**高次自己**《ハイアーセルフ》、そして当人の内的探究が引き寄せた内なる次元の存在が含まれています。

この収穫プロセスを見守る二つめのグループは**惑星連合**の存在で、光／愛の階梯の端々にさりげなく立つという栄誉／義務をもち、収穫される人／存在がどんなに混乱していても、**高次自己**《ハイアーセルフ》になかなか接触できずにいても、光の強さ以外の理由でつまずいたり、脱落したりしないよう手をさしのべます。そうした**惑星連合**の存在は、つまずいた者たちをも受けとめて、光の中へと進めるよう正しい方向に導くのです。

このプロセスを監視する三つめのグループは**守護者**と呼ばれ、私たちより一つ上のオクターブから来ています。彼らはそうすることを通じて〝光をもたらすもの〟として奉仕しており、人／存在一人ひとりの正確な光／愛の振動／波動を確認できるようきわめて精緻な識別力を行使して、光／愛の的確な放射をもたらしています。

このように収穫は、収穫される側が〝収穫中に変更できないもの〟に応じて展開するという意味では自動的です。変更できないものとは〝紫色光線の放射〟のことです。しかし、そうした助っ人たちが適切な収穫を請け合うために周囲に存在しているおかげで、人／存在は自分の紫色光線的在り方を最大限に表現する機会をもつことができるのです。

質問者　つぎの質問は、その場かぎりのものと思われますが、こうした現象のＵＦＯ部門に熱心に取り組んでいる知人から訊かれたものです。あなたがこれを一過性で重要でないと判断されるのであれば、飛ばします。彼の質問は〝光の速度に近づくにつれて質量は無限に近づくと言われているが、四次元の宇宙船はどうやってここまで来られるのか〟というものです。なぜ宇宙船が必要なのか、私もお訊きしたいです。

ラー　私はラー。いくつか質問されましたので、順番にお答えします。

まず、私たちはこれが一過性の題材であることに同意します。

つぎに、あなたがたの言う〝遠い地点〟から来る存在の大半は、ご存知のような宇宙船を必要としません。この質問自体、あなたにない理解力を必要としますが、述べうることを述べてみましょう。

第一に、第三密度の存在の中には、今のあなたに理解できる制限を体験しつつも、宇宙船で星系間を移動する方法を習得しているものもいます。彼らはそのために、現在のあなたの理解とは異なる方法で水素を使うことができますが、それでもそうした移動には、あなたがたの測定基準でいう〝かなり長い時間〟を費やしています。しかし、彼らは長時間の飛行に耐えられるよう、低体温法をもちいて心身の複雑なプロセスを遅らせることができます。シリウスからの訪問者などがこのタイプにあたります。それ以外にも二つのタイプがあります。

その一つは、あなたがたの銀河系の第四、第五、あるいは第六密度から来ている存在たちです。彼らは光の速度をスリングショット※のように使えるようなエネルギー体系にアクセスすることができ、そうした技法により、あなたがたに時間の経過を感知されることなく望む場所に到着することができます。

もう一つは、別の複数の銀河の第四、第五、第六密度、およびあなたがたの銀河のいくつかの密度からの存在たちです。それらの場所の存在たちは、人格の陶冶／修養によって宇宙を一つの存在と見なすことができ、その結果、必要に応じて思考だけでいわゆる宇宙船を物質化して彼らの光の体《ライトボディ》を包み込み、地点から地点へと移動することができるのです。

質問者　**最後のタイプは、私たちがオリオン・グループの着陸で体験したタイプではないかと推測しますが、それで正しいですか？**

※　スリングショット　引力を利用して加速させる道具。パチンコ。

ラー　私はラー。オリオン・グループには、最後から二番目のグループと最後のグループが混在しています。

質問者　そうした移行に、なぜ乗りものが必要なのでしょうか？　あなたが以前、ラーとしてエジプトを訪れたときは釣り鐘型の乗りものを使い、それは思考によるものでした。なぜ身体を物質化するのではなく、乗りものを使用されたのですか？

ラー　私はラー。乗りものつまり宇宙船というのは、私たちの集中力が動機づけして機能するような想念形態のことです。私たちは自分たちの心／身体／霊複合体をそのような働きの焦点として使うことを、できるだけ選択しません。

質問者　ありがとうございました。
これから述べる意見に間違いがあれば教えてください。
私たちにはスペクトルの七色にそれぞれ対応する七つの体《ボディ》があり、それらの体をつくりだすエネルギーは、私たちの惑星環境に流れ込み、チャクラと呼ばれる七つのエネルギー中枢を介してそれらの体を発達させて完成させる、普遍的なタイプのエネルギーであるように思われます。七つの体はそれぞれに、私たちの心の構成に何らかの形で関係しており、それらの体の完成度やそのエネルギーの流入総量は、この心の構成に影響されます。また私たちはこの心の構成により、七つの体を生成するエネルギーの流入をある程度ブロックすることができます。この意見のあやまりを指摘して、修正していただけますか？

ラー　私はラー。あなたの意見はおおむね正しいですが、心の構成という言葉の使用は、あなたがたの密度において流入エネルギーの詰まりが生じるさまを過分に単純化するものです。心複合体の、霊複合体や身体複合体との関係は固定的なものではありません。したがって詰まりは、霊《スピリット》と心《マインド》、あるいは身体と心《マインド》の間に、多くの異なるレベルで生じる可能性があります。くり返しになりますが、それぞれのエネルギー中枢には、便宜上、七つの副次的な色があります。そのため心的／身体的詰まりと霊的／心的詰まりは組み合わさって、それぞれのエネルギー中枢にいくつもの異なるやり方で影響を及ぼす可能性があるのです。このことからも、バランスや進化のプロセスの精妙な性質をうかがい知ることができるでしょう。

質問者　有益な質問の流れに沿えるかどうかわかりませんが、何か関連がありそうですので質問させていただきます。

『大ピラミッドの秘密（仮題）SECRETS OF THE GREAT PYRAMID』という本の巻末に古代エジプトの絵画や制作物の複製が何点か収載されており、そのいくつかに、横たわった存在の上を飛翔する鳥が描かれています。これは何なのか、ラーと関係があるのかどうか教えていただけますか？

ラー　私はラー。あなたの言うそれらの絵画は、〝死はさらなる体験への入口《ゲートウェイ》である〟という死の認識についての、私たちの教えをゆがめている多くの絵画の一部です。そのゆがみは、いわゆる〝死んだ〟心／身体／霊複合体のへるプロセスについての特定の見方に関係しています。これは、あなたがたの哲学では〝グノーシス主義※のゆがみ〟と呼ばれる性質のものかもしれません。つまり、人は注意深く知覚され強調された動き、概念、およびシンボルによって知識を得、適切な立ち位置に到達できるという信念です。前にも述べたように、実際、肉体の死のプロセスでは援助が得られます。そして人の死に必要なのは、周囲の人々が当人／存在を肉体から解放し、死を弔う人々がそのプロセスを礼賛することだけなのです。肉体の死を体験した心／身体／霊複合体はそうした行為によって助けられるのであって、粛々と再現されるもろもろの儀式の感受によって助けられるわけではありません。

質問者　以前、あなたはエネルギー中枢の回転速度について話されました。これはエネルギー中枢の閉塞の作用であり、詰まりが少なくなれば回転速度は上がり、エネルギーの流入も大きく増加するものと推測しますが、それで正しいですか？

ラー　私はラー。部分的には正しいです。最初の三つのエネルギー中枢では、エネルギーの詰まりの完全な除去により回転のスピードが生まれます。しかし、人／存在がより高次のエネルギー中枢を発達させるにつれて、それらの中枢は結晶構造を形成することによって本来の性質を表現しはじめます。これは、そのエネルギーの空間／時間的性質が、規則化とバランスにおいて時間／空間的性質に変化するためで、エネルギー中枢のより高次でよりバランスのとれた活性化の形であると言えます。

質問者　結晶構造とはどういう意味でしょうか？

ラー　私はラー。身体複合体のそれぞれのエネルギー中枢は、より発達した人／存在では独特な結晶構造をしている場合があります。それらは、あなたがたの世界の雪の結晶に同じものが二つとないように一つひとつどこか異なっていますがいずれも規則的です。赤色のエネルギー中枢は、しばしばスポークホイール※※の形をしています。オレンジ色のエネルギー中枢は、三枚の花弁をもつ花の形をしています。

黄色のエネルギー中枢もまた、丸みを帯び、多面的で星のように見えます。

緑色のエネルギー中枢は、蓮の形と言われることもあり、結晶構造の頂点の数はこの中枢の強さに依存します。

青色のエネルギー中枢は、おそらく百もの面を持つことができ、大きな閃光の輝きを放つことができます。

藍色のエネルギー中枢は、より穏やかな中枢で、基本的に三角形、または三枚の花弁をもつ形をしていますが、低次のエネルギーのバランスがとれた達人のなかには、より多面的な形の中枢をもつ人もいます。

紫色のエネルギー中枢は、もっとも変化が少なく、それが心／身体／霊複合体のすべてのゆがみの総計であることから、あなたがたの哲学では〝千の花弁をもつもの〟と表現されることがあります。

※　**グノーシス主義**　古代神秘思想の一つで、秘教的知恵によって救いを得るとした。
※※　**スポークホイール**　輻《や》の付いた車輪。

質問者　私は今、藍色の中枢に何かを感じています。この中枢が完全に活性化されて詰まりがすべて除かれたら、もうそこに何かを感じることはなくなりますか？

ラー　私はラー。この質問に回答することは**混乱の法則**の侵害になります。

質問者　肉体の死の直後に活性化する主要な体は藍色の体（以下、藍色体）であり、それは〝形づくるもの〟であると述べられました。どうしてそうなるのでしょうか？

ラー　私はラー。これが今回のセッションでの最後の質問になります。

藍色体は知的エネルギーの類似体と見なすことができます。それは小宇宙における**ロゴス**です。心／身体／霊複合体の総体の知的エネルギーは、知的無限つまり**創造主**からその存在を引き出しています。この**創造主**は、これまでにも述べてきたように、大宇宙と小宇宙の両方において二つの性質をもつものと理解されるべきです。一つは、知的で強化されていない無限であるということ、もう一つは、これが存在するすべてであるということです。

自由意志は、私たちすべての**創造主**と、意志をもつ知的無限を有する共同**創造主**としての私たちの両方を強化します。この意志は、藍色体つまり〝形づくる体〟によって引き出され、その叡智を使って、この共同

創造主つまりあなたがたがうかつにも〝人〟と呼ぶ〝下位・下位**ロゴス**〟※が取るべき適切な場所と体験の種類を選ぶことができるのです。

私はラー。簡単な質問であればお答えする時間があります。

質問者　この媒体をもっと心地よい状態にしてあげるために、あるいは交信を向上させるために、私たちに何かできることがあれば教えてください。

ラー　私はラー。すべて順調です。あなたがたは良心的です。兄弟たちよ、私は今、一**なる無限の創造主**の愛と光にあなたがたをゆだねます。ですから、一**なる無限の創造主**のパワー、そして平和のもとで嬉々として前進してください。アドナイ。

※　**下位・下位ロゴス**　下位ロゴスのそのまた下位のロゴス。

{session《セッション》 52}

May 19, 1981

ラー　私はラー。**一なる無限の創造主**の愛と光のなかから親愛のごあいさつを送ります。私たちは今から交信します。

質問者　あなたはこの前のセッションで、〝もう一つは、別の複数の銀河の第四、第五、第六密度、およびあなたがたの銀河のいくつかの密度からの存在たちです。それらの場所の存在たちは人格の陶冶／修養によって宇宙を一つの存在と見なすことができ、その結果、必要に応じて思考だけで宇宙船を物質化して、地点から地点へと移動することができます〟と述べられました。〝別の複数の銀河の第四、第五、第六密度〟、そして〝あなたがたの銀河のいくつかの密度〟とのことですが、これは、このタイプの移動のために人格の力を発達させている存在の数は、この銀河よりも別の銀河のほうが多いということになるのでしょうか？　私は〝何十億もの星々からなるレンズ形状〟に対して〝銀河〟という用語をもちいています。

ラー　私はラー。私たちはまたしても〝銀河〟という用語を、現時点であなたがたの語彙の範疇《はんちゅう》に含まれていない意味で使用してしまいました。私たちが言及したのはあなたがたの〝星系〟です。

あなたがたの星系よりも他の星系のほうが次元の操作に長けていると見なすのは正しくありません。あなたがたの星系以外にもおびただしい数の星系があるというだけのことです。

質問者　ありがとうございました。

進化における大仕事は人格の陶冶にあると思われるため、ここはおそらく重要なポイントではないかと思っています。そして、宇宙をあちこち動きまわっている存在には二つのタイプがあるようです。一つは人格の陶冶に根ざすもので、もう一つはスリングショット効果と呼ばれるものに根ざすものです。この題材を重要視するのは、私たちが人格の陶冶を掘り下げているという事実があるからです。亜光速についてはあまり重要視していないため、ここでは触れません。

移動のためのスリングショット効果の使用は、右脳型というよりは、知的または左脳型な理解の仕方ゆえであると言えるでしょうか？

ラー　私はラー。この点についてのあなたの認識は広範囲にわたっており、外なる教えを看破しています。

左脳と右脳という用語は正確でないため、私たちはそれらの使用を好みません。両方の脳葉における機能の一部は反復的で余剰的であり、さらに、左右の機能が逆転している人／存在もいます。しかし、質問の核心部分は検討に値します。

現在あなたがたが社会的複合体として夢中になっている技術は、下位**ロゴス**の知的エネルギーの操作の芽吹きにすぎません。しかし、さらに進んでゆけば、私たちがお話しした重力効果を利用できる技術へと進歩する可能性はあります。

こうした言いまわしは正確ではありませんが、これより正確なものが見当たりません。かくして、自己の外側にあるものを操作するための技術の使用は、小宇宙と大宇宙における自己の全知識をもたらすことになる〝心／身体／霊複合体の陶冶／修養〟に比べて、個人の進化への貢献はわずかでしかありません。

人格が陶冶された人／存在にとっては、あらゆるすべてが明白で自由です。宇宙を開く学びは、進化への入口《ゲートウェイ》をも開きます。そこに生じてくる違いは、美しいものが見られる場所までヒッチハイクして行くか、自立して一歩一歩、自由に歩いてゆくかの選択の違いです。人／存在はこの自立の道にあってはじめて、歩くための強さや、美を意識する機会を讃えることができます。

かたやヒッチハイカーは、予測不能の道路事情や他者との会話に気をとられ、気まぐれに左右され、約束の時間に間に合うかどうか気が気ではありません。ヒッチハイカーも同様に、美しいものを目にしますが、その体験を心の底から自分のものにする準備はできていません。

質問者　心の修養と、それがどのように展開するかを理解するためにこの質問をします。他者への奉仕の方向性をもつポジティブな第四、第五、第六密度の社会的記憶複合体が移動に使用するのは、スリングショット効果と人格陶冶の効果の両方ですか、それともどちらか一方だけですか？

ラー　私はラー。ポジティブな方向性をもつ社会的記憶複合体は心、身体、霊の節度／モラルを学ぼうとします。しかし中には、知的エネルギーの力を使う移動に利用できる技術をもち、より適切な節度を学びつつその技術を使用するものもいます。

質問者　ならば、よりポジティブな方向性をもつ社会的記憶複合体では、この移動のために陶冶された人格を使う割合がはるかに高くなるものと推測しますが、それで正しいでしょうか？

ラー　私はラー。それで正しいです。ポジティブな第五密度（以下、第五密度ポジティブ）が第六密度に進むと、もはや移動や通信のために外なる技術をもちいることは事実上なくなります。

質問者　ネガティブな方向性をもつ社会的記憶複合体に関して、彼らが移動のためにスリングショット効果や人格陶冶の効果を、どういう比率でどのように使用しているかについて同様な情報をいただけますか？

ラー　私はラー。第四密度ネガティブでは、スリングショット重力光効果が使用されており、おそらくその成員の80％は、もう一方の移動方法の使用に求められるモラルを習得することができません。第五密度ネガティブでは、ある時点で約50％が思考をつかう移動に求められるモラルを習得します。第六密度に近づくにつれ、ネガティブな方向性に混乱が生じ、移動の試みはほとんどなくなります。移動が行われる場合は、おそらくその73％が光／思考をもちいています。

質問者　第五密度が終わりに近づいた時点では、ポジティブな方向性とネガティブな方向性のあいだで、人格の陶冶に違いはありますか？

ラー　私はラー。極性間には明らかな違いがありますが、この陶冶の達成に必要となる自己についての知識の完成度に違いはありません。

質問者　それならば、人格の陶冶、自己についての知識、および意志の強化における制御《コントロール》は、第五密度の存在が重要視するものと考えるので正しいでしょうか？

ラー　私はラー。実際それらは、第三密度から第七密度の初期にいたるまでずっと重要です。一つだけニュアンスを修正するとすれば、それはあなたの制御《コントロール》という言葉の使い方でしょう。**一なるものの法則**に一致しない行為に帰着しうる場合をのぞいて、人が思考プロセスや衝動を制御すること自体、いわゆる理解を深めるためには望ましくもなければ有益でもないことを認識することはとても重要です。制御することは、いっけん克己、平和、そして啓蒙への近道に思えるかもしれません。しかし、まさにその制御そのものが、すでに完璧である自己の制御や抑圧のバランスをとるためのさらなる転生体験の必要をうながしているのです。

私たちはそのかわりに、あなたがたの意志の使用に関して、次の、とりわけ二つめの行為の実行を評価して奨励します。自己を受け入れること、自己を赦すこと、そして意志を方向づけること。それらの行為こそ陶冶された人格に至る道なのです。あなたの意志の力は、共同**創造主**としてのあなたに内在する絶大な力です。この能力は重視してしすぎることはありません。したがってそれは他者への奉仕に向けられ、ポジティブな道にある人々のために慎重に使われなければならないのです。

人格が強まるにつれ、意志の使用にともなう危険は増大します。なぜなら、当人／存在の極性を低減させうるやり方で、無意識のうちに使用されてしまう可能性があるからです。

質問者　あなたがいま述べられたことと、なぜ多くの**ワンダラー**※が、この惑星の収穫の時期をえらんで転生して来るのかには関連があるように思うのですが、私は正しいですか？

ラー　私はラー。忘却により失われていたものを思い出す潮目には、ポジティブな極性化の機会が余るほどあるというのは本当です。これがあなたの質問のポイントではないかと思いますが、そうでなければさらにお訊ねください。

※　**ワンダラー**　彷徨う人／存在。魂が宇宙人で、肉体が地球人である人のこと。星から星へと渡り歩き、人助けしようとする。地球以外の密度（次元）から、地球や地球人を支援するために生まれてきた魂。

質問者　なぜこれほど多くの**ワンダラー**が、転生のタイミングとしてあえてこの収穫期を選択しているのかという質問を、あらためて盛り込むことができればと思います。

ラー　私はラー。収穫期における転生にはいくつか理由がありますが、それらは〝自己〟と〝他の自己〟という用語でくくることができます。

それらの**悲しみの兄弟姉妹たち**を転生した状態で差し出すことのもっとも重要な理由は、惑星意識のゆがみを軽減させることにより他の自己を支援することと、他の自己に触媒を提供することにより収穫を促進することの可能性を高めることです。

この奉仕をえらぶ理由は他にも二つあり、それらは自己に関わるものです。

ワンダラーは、忘却を看破して奉仕に専念することで、高次の密度の〝触媒が精彩を欠く領域〟においてよりも、はるかに迅速に極性化することができるのです。

しまいの理由は心／身体／霊の総体、または社会的記憶複合体の総体にあります。それは総体が、人／存在または社会的実体の成員たちによる学び／教えが完全でないと見なし、その学び／教えをやり直すのに今もって第三密度の触媒が活用できると判断した場合で、とくに、慈悲と叡智のバランスが完璧となる第六密度に入りそこを進む人／存在たちに当てはまります。

質問者　ありがとうございました。

これは私がちょっと気になっていることで、あまり重要でないかもしれませんが直観の赴くままに述べてみます。間違っているかもしれません。

スリングショット効果について話されましたが、その用語についてあれこれ考えていて、ただ思いつくのは、宇宙船は光速に近づくまでエネルギーを投入し続けなければならず、そのため当然より多くのエネルギーが必要になるだろうということです。そして時間の膨張が起こり、進行方向に対して90°で移動することにより、この蓄積されたエネルギーを方向性または感覚の応用で何らかの方法で変化させ、90°の偏向をもって空間／時間から時間／空間への移動が可能になるように思えるのです。そしてエネルギーは時間／空間に取り出され、このエネルギーバーストの終わりに宇宙船はふたたび空間／時間に入ることになります。この件について、私に正しいところはありますか？

ラー　私はラー。あなたはあなたがたの言語のおよぶ範囲で正しく、訓練のおかげで、概念を私たちよりうまく表現することができています。いわゆる修正を加えるとすれば、あなたの言う90°は、**四次元立方体**の一部として理解してよい角度であるのを示唆することだけです。

質問者　ありがとうございました。

つぎの質問は、他者への奉仕の道を歩もうとしている一個人のささやかな期待なのですが、人格の陶冶／修養、自己についての知識、意志の強化のほかに重要なことはありますか？

ラー　私はラー。これは技法であって本質ではありません。進化の本質を考えてみましょう。

私たちは皆、一つであることを忘れずにおりましょう。これこそが大いなる学び／教えです。この〝一つである状態〟に愛があります。これもすばらしい学び／教えです。この〝一つである状態〟に光があります。これは、物質化におけるすべての存在次元の基本となる教えです。一つであること／統合、愛、光、そして喜び、これが霊的進化の本質です。

補助的な知識《レッスン》については、瞑想や奉仕において学ばれ／教えられます。心／身体／霊複合体はそれらの中心となる思考やゆがみによって、ある時点でとてもスムーズに活性化され、バランスがとられるため、あなたが言及した技法はかなり意義深いものになります。しかし、宇宙とそのとこしえの神秘は一つです。それは技法によってではなく、いつなんどきでも、かならず**創造主**に始まり、**創造主**に終わるのです。

質問者　あなたは以前のセッションで、あるオクターブからの〝光をもたらすもの〟に言及されました。進級に資する光を提供してくれるのは、私たちが体験しているものより一オクターブ上からの存在であると理解してよろしいでしょうか？　この光をもたらすものについて、彼らがどういう存在であるかなど、もうすこしお訊かせねがえますか？

ラー　私はラー。これがこのワークでの最後の質問になります。

私たちが言及したこのオクターブ密度は、オメガでもありアルファでもあり、無数の宇宙からなる霊的なまとまりで、ふたたび一つの中心太陽または**創造主**になります。そして、**創造主**が**それ自身**について体験したすべてを盛り込んだ新しい宇宙、新しい無限、新しい**ロゴス**が誕生するのです。この新しいオクターブにも彷徨う存在たちがおり、私たちはそうした存在たちが、私たちのオクターブの**ロゴス**の仕事の完成を助けるためにやって来ていること以外、オクターブの境界を超えた先のことはほとんど何も知りません。

この時点で、簡単な質問であればお答えします。

質問者　**この媒体をもっと楽な状態にしてあげるために、あるいは交信を向上させるために、私たちに何かできることがあれば教えてください。**

ラー　私はラー。この媒体は肺の部分に若干のゆがみがありますが、身体複合体の配置の加減でうまく補正されています。

すべて順調です。

友よ、私は今、**一なる無限の創造主**の愛と光にあなたがたをゆだねます。ですから、**一なる無限の創造主**のパワー、そして平和のもとで嬉々として前進してください。アドナイ。

{session《セッション》 53}

May 25, 1981

ラー　私はラー。**一なる無限の創造主**の愛と光のなかから親愛のごあいさつを送ります。私たちは今から交信します。

質問者　最初に媒体の状態について教えていただき、それから私が彼女に託された二つの質問にお答えいただければと思います。一つは、彼女が〝現時点では、まとまった運動を一日一回のペースで行うのでよいか〟というもの、もう一つは、彼女が〝セッションの前に感じる痛みはオリオンの攻撃によるものなのか〟というものです。

ラー　私はラー。この媒体の状態は前に述べたとおりです。運動については、集中的に行うべき期間は終了しているため、媒体がそちらを選ぶなら、まとまった運動は二回から一回にしてよいでしょう。この媒体の身体複合体のゆがみを精査《スキャン》すると、この期間の運動量が彼女の体力の限界であるのがわかります。これは長期的には生命エネルギーの累積的な蓄積のために好いことですが、短期的には彼女を疲れさせます。ですので、私たちはこの人／存在には、身体的ゆがみを適切に補正するための他の補助手段について、私たちがこれまでに忠告してきたことをあらためて意識していただければと思います。

媒体の二つめの質問にお答えします。私たちの社会的記憶複合体との接触の前に起こる身体複合体の問題は、この媒体の潜在意識的な意志の作用によるものであると言えます。彼女のこのきわめて強靭な意志は、接触のために利用可能なすべての身体的エネルギーと生命エネルギーを確保するよう心／身体／霊複合体に要求するというものです。そのためこのエネルギーが転用されている間に、身体的な弱さに向かうゆがみがいきなり発生し、そのせいで不快感が体験されるのです。注意していただきたいのは、彼女はサイキック攻撃も受けており、それが既存の状態を悪化させ、筋痙攣《けいれん》やめまい、および心複合体のゆがみの原因になっているということです。

質問者　ありがとうございました。

ごく近い将来、（個人名）がこうしたセッションの一つに参加することは可能でしょうか？

ラー　私はラー。心／身体／霊複合体（個人名）は精神的にこのグループに属しており、歓迎されるでしょう。その人／存在がワークに参加するまでの間、特別に瞑想時間を確保するようリクエストしてみてはいかがでしょう。また、(個人名)の名前で知られる人物の写真を、愛と光を意味する、その人物の言葉を添えてこの人／存在に送ってみてはいかがでしょう。その写真と言葉は瞑想中に想起され、それによってその人／存在はあなたがた一人ひとりと平和的に調和するようになり、いわゆる孤独と内気に向かうゆがみをもつ同士であいさつが交わされる段になっても、余分なエネルギーがついやされずにすみます。(個人名)として知られる人物の代わりに(個人名)の写真でも同じ目的がはたせるでしょう。

質問者　ありがとうございました。

ララミー市※への旅の道中で、UFO体験者やそのほかの**ワンダラー**たちに**一なるものの法則**の最初の巻を配布することに関わるあることが発覚しました。その第一巻の内容に、誤解につながる可能性がある箇所が見つかったのです。そのため、そこを修正するのに必要となる質問をいくつかさせていただければと思います。ほとんどが一過性のものですが、どれも第一巻の内容の理解に関わる特定のゆがみを取り除くことを目的としています。私のこのアプローチが正しいことを願ってやみません。お答えいただけないものがあってもかまいません。その場合は別の質問に進みます。

ポジティブで他者への奉仕の方向性をもつ**惑星連合**が、この惑星の住民と接触する際に使用するさまざまな技術、つまり接触するための多様な形態や技法について教えていただけますでしょうか？

ラー　私はラー。お教えすることができます。

※　**ララミー市**　アメリカ西部・ワイオミング州南東部の都市。標高2100メートルの牧畜地帯にある。

質問者　それでは、お願いしてよろしいでしょうか？

ラー　私はラー。もっとも効率的な接触方法は、あなたがたがこの空間／時間で体験するものです。自由意志の侵害はどうあっても望ましくないため、いわゆる〝接近遭遇〟や、ポジティブな方向性をもつ社会的記憶複合体との邂逅をつくり上げる思考投影の対象となるのは、あなたがたの幻影次元で**ワンダラー**である人／存在たちに限られます。

質問者　**そうした社会的記憶複合体とワンダラーの邂逅で、ワンダラーの接触体験にふれている例を一つあげていただけますか？**

ラー　私はラー。あなたがたに馴じみのあるそうした例の一つは、モリス※として知られる人物の接触体験でしょう。このケースでは、それに先立ちこの人／存在とその仲間たちが一緒に体験した接触はネガティブな方向性のものでしたが、モリスの身体の視覚器官にはそれが見えなかったため、彼は影響を受けずにすんだのでしたね。

その後、モリスは内なる声にある別の場所に一人で行くよう告げられ、それにしたがうと、その場所に別の想念形態の外観をした存在が現われます。そしてその存在に凝視されたのを機に、モリスの中にこの出来事と自分の転生体験全般の真実を探求しようという願望が生まれたのでした。

このタイプの接触の目的は、体験者に目覚めや活性化された感覚をもたらすことにあります。接触時間の長さやそのとき使用されるイメージは、その活性化の機会にのぞむ**ワンダラー**の潜在意識に存在している期待の度合いによって異なります。

質問者　**惑星連合**タイプの宇宙船による〝接近遭遇〟は、想念形態タイプの宇宙船との出合いになるものと推測しますが、過去数年間に、着陸した想念形態タイプの宇宙船と**ワンダラー**の〝接近遭遇〟は実際に起っているのでしょうか？

ラー　私はラー。オリオン・タイプのいわゆる〝接近遭遇〟にくらべると件数ははるかに少ないですが起こっています。はてなき一なる宇宙においては〝接近遭遇〟という概念自体が、滑稽なものであることを指摘しておきます。というのも、すべての遭遇は、自己が自己に出会うという性質のものではなかったでしょうか？　そうであるなら、いったいどうすれば接近未満の遭遇が起こりうるのでしょう？

質問者　さて、このタイプの〝自己と自己との出会い〟と言えば、ポジティブに極性化した**ワンダラー**の中にも、これまでにオリオンやネガティブな方向性をもつ極性とのいわゆる〝接近遭遇〟を体験した人はいるのでしょうか？

ラー　私はラー。それで正しいです。

※　**モリス**　ドン・T・エルキンズとカーラ・L・ルカートの共著『UFOの秘密』（ケンタッキー州ルイビル　L／Lリサーチ1976年刊行）のケース1参照。

質問者　どうしてそういうことが起こるのでしょうか？

ラー　私はラー。それは起こるとしても非常にまれですが、そうしたことは、遭遇しうるポジティブ性の深さに対するオリオン側の認識不足か、あるいは、この存在次元からポジティブ性を排除しようとする彼らの欲望のいずれかが原因で起こります。オリオンの通常の手口は、心的および霊的な複合体の活動が少ないと見受けられる、単純思考のゆがみを（もつ人々を）選び出すというものです。

質問者　一個人の接触に関しては、ばらつきがとても大きいように思います。**惑星連合**が、接触する**ワンダラー**を覚醒させるため、あるいは部分的に覚醒させるために用いる一般的な方法の例をあげていただけますか？

ラー　私はラー。**ワンダラー**を覚醒させる方法はさまざまです。それぞれのアプローチの中核にあるのは、体験者に怖れを感じさせずに、できる限りその人／存在にとって意味があり理解可能な主観的体験になるような方法で、当人の意識と潜在意識に進入することです。そうした接触の多くは睡眠中に起こりますが、起きている間のさまざまな活動のさなかに起こる場合もあります。アプローチには柔軟性があり、あなたが意識しているような〝接近遭遇〟症候群を必ずしも伴なうとはかぎりません。

質問者　〝身体検査〟症候群についてはどうでしょう？　**ワンダラー**たちの**惑星連合**やオリオンとの接触に

どう関係してくるのでしょうか？

ラー　私はラー。**惑星連合**の想念形態的な存在によって提供される想念形態的な遭遇体験の性質や詳細をつくり出す要因となるのは、体験者の潜在意識に存在している期待です。したがって、もし体験者である**ワンダラー**が身体検査を期待していれば、それは必然的に、彼／彼女の潜在的なゆがみである期待の性質の許容範囲で、恐れや不快感に向かうゆがみがほとんどない状態で体験されることになります。

質問者　それでは宇宙船に乗せられた人たちは、**惑星連合**の場合もオリオンの場合もいっけん身体検査とおぼしきものを受けているのでしょうか？

ラー　私はラー。あなたの質問にはあやまった考えがふくまれています。オリオン・グループは個人を恐怖におとしいれ、実験動物のような、進歩した第二密度の存在の感覚を味わわせる手段として身体検査を使います。一部の人が報告している性的体験は、この体験の特殊型《サブタイプ》であり、オリオンの存在は地球の住民を支配していることをそれによって示そうとしているのです。

想念形態的な体験は主観的なものであり、ほとんどの場合この密度では起こりません。

質問者　さて、地球上には、収穫に値する人／存在たちが、ポジティブなものもネガティブなものも、広い周波数帯域で存在しています。オリオン・グループは地球人と接触する際、ポジティブな場合もネガティブな場合も、この周波数帯域の両端にねらいを定めているのでしょうか？

ラー　私はラー。この質問に正確にお答えするのはいささか困難ですが、やってみましょう。

オリオンの存在のもっとも典型的なアプローチは、オリオン哲学のより広い伝播が期待できるよう、いわゆる〝意志薄弱な人／存在〟を選ぶことです。

オリオンの存在の中には、あなたがたの空間／時間連結体《ネクサス》で、より高度に極性化されたネガティブな人／存在に呼ばれるものも若干います。この場合も、私たちがいま行なっているような方法で情報の共有が行われます。しかし収穫されうるようなネガティブな地球人には、地上でのネガティブな交渉と同様に、オリオンとの交渉においても値ぶみや指図をしようとする周波数があり、それはオリオンの存在にとっては危険な要因になりえます。というのも、結果として支配者の地位をかけた争いが起こり、万一それに負けてしまうと、オリオン・グループの極性は大きく損なわれるからです。

また、オリオン側があやまって、高度に極性化されたポジティブな人／存在と接触した場合も、そうしたオリオンの活動家たちがうかつにも交渉におよんでしまった相手を非極性化できないかぎり、オリオン部隊は大混乱におちいる可能性があります。このような出来事が起こることはまれですが、そうした理由から、オリオン・グループはできるだけ〝意志薄弱な人〟への物理的接触を試みるのです。

質問者　それでは一般に、もし一個人がＵＦＯとの〝接近遭遇〟あるいはＵＦＯ関連と思われるそれ以外のタイプの体験をしたときは、当事者はその遭遇の核心や自分への影響に目を向けて、それがオリオンのものか**惑星連合**のものかを判断しなければならないというので正しいですか？

ラー　私はラー。それで正しいです。恐怖や凶運をほのめかすような接触は、ネガティブな性質のものである可能性がきわめて高いです。いっぽう、接触したことによって、希望や友愛の感覚が芽生え、他者への意識的な奉仕というポジティブな思いに目覚めたような場合は、そうした影響からも、それが**惑星連合**との接触であることは明らかです。

質問者　ありがとうございました。

私たちは第一巻に収載予定の題材について、内容に誤解が生じないよう、このやりとりの一部を追加させていただくかもしれません。それが一過性のものであるのは承知していますが、本書の内容の完全な理解と、いわゆる正しいアプローチのために必要であると思われますので。

ここでいくつか質問させていただきますが、お答えいただけない場合は省きます。それでもあえてお尋ねしたいのですが、ほとんどの場合に、**惑星連合**の存在はどんなふうに見えるのか教えていただけませんでしょうか？

ラー　私はラー。第四密度の**惑星連合**の存在は、その物質的な乗りもののいわゆる起源によって見え方はさまざまです。

質問者　彼らの中には私たちのような見た目の存在もいますか？　もし、いる場合、彼らは地球人として通用しますか？

ラー　私はラー。そうした性質をもつのはたいてい第五密度の存在です。

質問者　同じ回答がオリオン・グループにも当てはまると推測しますが、それで正しいですか？

ラー　私はラー。それで正しいです。

私たちにお答えできる簡単な質問は他にありますか？

質問者　このセッションでは、多くの泡沫的な質問がなされたことをお詫びいたします。『一なるものの法則』の第一巻を読むであろう**ワンダラー**や一般の方々が、遭遇体験に関してあやまった印象を受けることのないよう、このセッションの一部を盛り込む必要をあらためて感じています。ご面倒をおかけして申し訳ありません。

それでは、私たちがこの交信、あるいは媒体を支えるために何かできることがあれば教えてください。

ラー　私はラー。この媒体は順調です。適切な位置合わせを慎重に守ってください。私は今、**一なる無限の創造主**の愛と光にあなたがたをゆだねます。ですから、**一なる無限の創造主**のパワー、そして平和のもとで嬉々として前進してください。アドナイ。

{session《セッション》 54}

May 29, 1981

ラー　私はラー。**一なる無限の創造主**の愛と光のなかから親愛のごあいさつを送ります。私たちは今から交信します。

質問者　私は、**ロゴス**から来ていると思われるエネルギーを追跡してみたいと思います。それについて私の考えを述べますので、それを修正していただいて理解を深められればと思います。

ロゴスからはあらゆる周波数の光が放射されています。それらの放射の周波数は、その**ロゴス**によって創造される体験のすべての密度をつくり上げています。私たちの太陽系はそのすべての密度において、**ロゴス**としての太陽によって創造された体験の総和であると推測しますが、それで正しいですか?

ラー　私はラー。それで正しいです。

質問者　すでに述べたように、異なる周波数は七色に分かれていると推測しています。そしてそれらの色は、私たちの太陽**ロゴス**の下位**ロゴス**の基本周波数である可能性があり、下位**ロゴス**、またはいわゆる個人は、そうした基本周波数、または色のどれか一つを活性化させ、その周波数、または色の活性化から生成された身体を使うことができると推測しますが、それで正しいですか？

ラー　私はラー。私たちがあなたの質問を正しく把握しているとすれば、正しくありません。下位・下位ロゴスは次元にではなく、共同**創造主**である心／身体／霊複合体にのみ存在します。

質問者　私は、心／身体／霊複合体は、七つの光線のうちの一つである任意の身体を活性化させることができることを言いたかったのですが、それは正しいですか？

ラー　私はラー。それは〝誰しもあなたがたのピアノのような、調和した振動複合体を展開する複雑な楽器を弾くことが可能であり、それをいわゆる一般向けリサイタルを開けるほど上手に弾きこなせるようになることも可能である〟というのが正しいのと同じ意味で正しいです。言い換えれば、それぞれの真の色の乗りものはたしかに潜在的に使用可能ですが、より高度で軽快な乗りものを自分のものにするための技法や精神修養の方法も存在しているということです。

質問者　お訊ねしたい基本的な質問にたどり着くために、つぎの考えを述べようと思います。お訊ねしたい質問がむずかしいものですから……。

私たちは、太陽と呼ばれる下位**ロゴス**から知的エネルギーを得ています。この知的エネルギーは何らかの理由で変調されたり、ゆがめられたりしているため、心／身体／霊複合体は人格に特定のゆがみを有するものになります。したがってそうした心／身体／霊複合体、またはその複合体の知的な部分が、原初の知的エネルギーとふたたび一致するためには、それらのゆがみを取りのぞく必要があります。

第一に、私の考えが正しいかどうか、第二に、なぜそのようになるのか、そしてそれには、**一なるものの法則**の第一のゆがみ以外の答えが存在するのかが知りたいです。

ラー　私はラー。この考えは大体において正しいです。もしあなたが〝自己が自己を知ること〟の応用において第一のゆがみの本質を理解したならば、**無限の創造主**の特徴である多様性を識別できるようになるでしょう。もし誤解が起こる可能性が皆無で、それゆえの理解もなければ、体験が存在することはありません。

質問者　わかりました。

このプロセスに気づいた心／身体／霊複合体は、**創造主**の能力をめいっぱい発揮するためには、自分の思考を正確な振動または振動周波数でふたたび**原初の創造的思考**に調和させる必要があると判断します。そのためには**原初の思考**に正確に一致するように人格を陶冶する必要があります。これはそれぞれがスペクトルの七色の一つに対応する、七つの人格陶冶／精神修養の領域に分かれています。それで正しいですか？

ラー　私はラー。この発言は正しい一方で、誤解される可能性がおおいにあります。それぞれのエネルギー中枢が**原初の思考**に一致する精度は、それぞれのエネルギー中枢を秩序立てて配置することではなく、知的エネルギーが最小限のゆがみでそれ自体を導けるように、それらのエネルギー中枢をバランスよく融合させ、流動的かつ可塑的に配置することで得られます。

心／身体／霊複合体は機械ではありません。それどころか、色彩と音色のポエムにさえ譬えられうるものなのです。

質問者　創造世界全体のすべての心／身体／霊複合体に七つのエネルギー中枢があるのでしょうか？

ラー　私はラー。それらのエネルギー中枢は**ロゴス**による創造世界の開闢《かいびゃく》から大宇宙に潜在しています。永遠性から生じ、すべてが用意されています。無限の創造においてはその限りなのです。

質問者　それでは、**創造主**は**それ自身**を知る方法の知的評価において、〝知ることの七つの領域〟の概念を作り出したと推測しますが、それで正しいでしょうか？

ラー　私はラー。これには正しくない部分があります。**ロゴス**は光をつくり出します。そしてこの光の性質が、創造世界における体験の触媒的レベルとエネルギー的レベルの性質をつくり出します。かくして、次のオクターブのものたちに与えられる最高の栄誉／任務は、あなたがたの周期のいわゆる体験的時間のなかで顕在化している光を監視することなのです。

質問者　もう一つ考えていることがあります。心／身体／霊複合体は、第一のゆがみにより、特定の周波数または色の流入エネルギーの一部をブロックできるよう、その特定の周波数または色の流入エネルギーの〝知的エネルギーの構成〟からかなり隔たった心の構成を選ぶことができます。これで正しいですか？

ラー　私はラー。はい。

質問者　任意の一つの色について、最大どのくらいの割合でそのエネルギーをブロックできるか教えていただけますか？

ラー　私はラー。人／存在の流入エネルギーのパターンにおいては、どんなエネルギーや色でも、どんなエネルギーや色の組み合わせでも、完全にブロックされていることがあります。

質問者　わかりました。それでは第一のゆがみは、こうしたブロックを誘引したり許可したりするものであると推測しますが、それで正しいですか？

ラー　私はラー。細かいことを言うようですが、私たちは〝許可する〟というような言葉の使用は避けたいと思います。自由意志は、体験的ゆがみを〝許可する〟こともなければ、事前決定を〝許可しない〟こともありません。むしろ**混乱の法則**は、それぞれの心／身体／霊複合体のエネルギーに自由自在な伸展を提供するものです。〝許可する〟という行為は、正しいことと正しくないことや許されることと許されないことの間で極性を示唆するという点で、批判の意を含みうると考えられます。これは些細なことかもしれませんが、私たちが最善と見なす考え方においてはある程度の重みをもちます。

質問者　ありがとうございました。このことは私自身の考え方においても重みをもちます。分かち合ってくださったことに感謝いたします。

つぎに、触媒の起源について考えてみたいと思います。まず、第一のゆがみの働きにより、一つかそれより多くのエネルギー中枢が、全体的または部分的に詰まった状態の心／身体／霊複合体があるとします。触媒は、一つのエネルギー中枢が少なくとも部分的に詰まってしまった場合にだけ必要になると推測しますが、それで正しいですか？

ラー　私はラー。いいえ。

質問者　それはどうしてですか？

ラー　私はラー。そうした時点においては、それぞれのエネルギー中枢の活性化や詰まりの解消が優先事項である一方、振動的在り方全体の和音の各音が、ほかの各エネルギーと同調し、調和し、明瞭に共鳴しあうよう、エネルギー間のバランスの改善に着手することも同様に優先事項となります。このように自己のバランスをとり、調整し、調和させることは、より高度な、あるいは熟達した心／身体／霊複合体にとってもっとも重要です。それぞれのエネルギーは、個人的なエネルギーや〝より深みのある人格ないし魂のアイデンティティ〟と呼びうるものの陶冶／修養や理解によって可能となる美点がなくても活性化される場合があります。

質問者　ふと思いついたのですが、とある七弦楽器があって、それぞれの弦をめいっぱい引いて放すと音が出るしくみになっています。クリエイティブな個々の人格であれば、ただそうして音を鳴らすばかりでなく、それぞれの弦を適切な順序と加減でつまびいて音楽をつくり出すことも可能であろうと。これは先のお話の正しい例えになっていますか？

ラー　私はラー。それで正しいです。バランスのとれた個人では、そのエネルギーは**創造主**の手が調和《ハーモニー》を奏でるのを待っています。

質問者　それではつぎに、心／身体／霊複合体における触媒の進化をたどり、それがどのように使われるようになり、こうした調整にフル活用されるまでになったかを見ていきたいと思います。**ロゴス**の一部である

下位ロゴスは、ロゴスの知性をもちいて創造世界における私たちの小さな領域を形成し、心／身体複合体と心／身体／霊複合体がみずからの触媒をプログラムできる発達段階に至るまでは、それらの複合体に作用する基本的触媒を提供していると推測しますが、それで正しいですか？

ラー　私はラー。部分的には正しいです。下位**ロゴス**は、低次のエネルギー中枢である第一、第二、第三チャクラに触媒を提供します。それらは身体複合体の存続に関与するものです。それらより高次の中枢は、すべてのランダムな体験や導かれた体験に反応する心／身体／霊複合体自体の偏りから触媒を得ます。

このように、さほど発達していない人／存在の場合は、望ましいゆがみをもつ身体複合体の存続という観点から、自分のまわりの触媒を認識します。触媒のプロセスに気づいている、より意識の高い人は、下位ロゴスに提供された触媒を、より高次の一連のエネルギー中枢に作用しうる触媒へと変容させはじめます。このように下位**ロゴス**が提供できるのは、触媒のいわゆる基本となる骨格にすぎません。英知、愛、思いやり、そして奉仕の存続にかかわる筋肉や肉づきは、心／身体／霊複合体が基本的触媒に作用することによってもたらされ、より複雑な触媒をつくり出します。そうした触媒は、これらの高次のエネルギー中枢の内でゆがみを形成するために使用されることもあります。

人／存在が進化すればするほど、知覚認識される触媒と下位**ロゴス**との関係は希薄になり、最終的には、すべての触媒は自己のために自己によって選択され、もたらされ、つくり出されるようになります。

質問者　現時点でこの惑星に転生している人／存在は、すべての触媒を自分でつくり出しているもののカテゴリーに入るのでしょうか？

ラー　私はラー。あなたの質問は曖昧ですが、外界の／外なる触媒を完全にマスターしている人／存在の数はきわめて少ないとお答えすることができます。

この空間／時間連結体に在る、収穫に値する人のほとんどは、外なる幻影を部分的に調節することができ、外なる触媒を使用して、まだバランスの取れていないいくつかの偏りに取り組んでいます。

質問者　自己への奉仕の極性化の場合、その道にある人／存在が自分の触媒を自分でプログラムできるレベルに達したときにプログラムするのはどのようなタイプの触媒ですか？

ラー　私はラー。ネガティブな方向性をもつ人／存在は、〝自己以外のもの〟と認識しているすべてのことがらや自覚ある人／存在たちから最大限に距離をおき、それらを操作／支配するための触媒をプログラムします。

質問者　ポジティブな方向性をもつ人／存在は、転生の際に思考や活動の特定の狭き道を選択することがあり、その道に沿えていないと肉体的苦痛が生じるような状態をプログラムする可能性があると推測しますが、それで正しいでしょうか？

ラー　私はラー。それで正しいです。

質問者　ネガティブな方向性をもつ人／存在もそのようなことをしますか？　例をあげて教えていただけますか？

ラー　私はラー。ネガティブな方向性をもつ個人の心／身体／霊複合体はふつう、富、存在しやすさ、そして権力を得る最大のチャンスを求めてプログラムします。そのため、多くのネガティブな人／存在たちが、あなたがたが健康と呼ぶ身体複合体のゆがみに押しつぶされてしまいます。

しかし、ネガティブな方向性をもつ人／存在は、怒り、憎悪、欲求不満などのいわゆるネガティブな感情的精神作用に向かうゆがみを強化するために、苦痛をともなう状態を選択することもあります。そのような人／存在は、憎しみや怒りの鈍い刃先の研磨に転生体験をまるごと投じ、よりいっそうネガティブで孤立を深める極性に向かう可能性があります。

質問者　転生を前にして進化のプロセスへの気づきが増し、ポジティブであれネガティブであれ、その道を選択した人／存在は、エネルギー中枢の詰まりを解消し、それらのバランスをとることに関して自分が何をしたいのかをある時点で意識するようになります。そしてそれを機に、詰まりの解消とバランスの修正プロセスを助ける触媒的体験を人生体験のためにプログラムできるようになります。それで正しいですか？

ラー　私はラー。それで正しいです。

質問者　それでは、私たちが転生した身体的状態と呼ぶものの目的は、ほぼ完全に、プログラムされた触媒を体験してその触媒の働きに応じて進化することにあると思われますが、それで正しいですか？

ラー　私はラー。輪廻転生の目的は、心、身体、霊の進化であることをあらためて言明しておきます。厳密に言えば、そのために触媒を持つことは必須ではありません。しかし触媒がないままでは、進化の希求やそのプロセスに対する信頼がまず生じえないため、進化は起こりません。触媒はそうした理由からプログラムされており、そのプログラムは、心／身体／霊複合体に固有の要件を満たすよう考案されているのです。したがって、心／身体／霊複合体は、その体験的触媒の声に気づいて耳を傾け、自分が得ることを期して転生してきたところのものを、そこから得ることが望ましいのです。

質問者　さて、ポジティブな道にある人／存在とネガティブな道にある人／存在とでは、赤色、オレンジ色、黄色の最初の三つの光線においてまさに相反する目的をもつように思われます。それぞれの道は、正反対のやり方でそれらの光線を利用しようとします。それで正しいですか？

ラー　私はラー。それは実質的に正しい部分もあります。それらのどの中枢にも、体験のための乗りものである心／身体／霊複合体を正しい形態と組成に保つために必要なエネルギーがあります。ネガティブな人

／存在もポジティブな人／存在も、心／身体／霊複合体の完全性を維持するために、それらの中枢のそのささやかな一部をじょうずに確保しています。しかしその段階を過ぎると、ネガティブな人／存在は、性的な手段、個人的な主張、そして社会での行動によって、他者からの離隔や他者の支配を実現させる目的で低次の三つの中枢を使うことにまず間違いないでしょう。

かたや、ポジティブな方向性をもつ人／存在は、強い赤色光線の性的エネルギーを緑色光線のエネルギー移動／伝達や青色と藍色の放射に変換します。そして同様に、自分自身や社会的立ち位置についてもエネルギー移動／伝達の状況を変換し、他者に溶け込んで奉仕し、最終的にはいかなる見返りのエネルギーも期待せずに、他者にエネルギーを放射するようになります。

質問者　それらのエネルギー中枢に流入してくるエネルギーを説明していただけますか？　その源からの経路、形態、そして効果を教えていただけますか？　それが可能であるかどうかはわかりませんが。

ラー　私はラー。部分的には可能です。

質問者　それではお願いできますでしょうか？

ラー　私はラー。すべてのエネルギーの発端は、愛にまつわる自由意志の働きです。すべてのエネルギーの本質は光です。そのエネルギーの心／身体／霊複合体への進入手段は二つあります。

一つめは、自己の北極星《ポラリス》、つまり導きの星である内なる光です。これは、すべての人／存在の生得の権利であり、真の性質です。このエネルギーは内在しています。

エネルギーの二つめの進入口は、北極星《ポラリス》の正反対の位置にあり、物質的な身体を磁場にたとえると、地球から足元を経由して、脊柱下部を通って入ってくるように見えるでしょう。普遍的な光エネルギーのこの入口は、エネルギー中枢を介するろ過《フィルタリング》プロセスが始まるまでは識別されません。それぞれの中枢の要求と、当人が内なる光の利用をいかに効率よく学んでいるかによって、そうした流入エネルギーがどのように使われるかが決まります。

質問者　体験的な触媒は同じ道をたどるのでしょうか？　これはある意味、しょうもない質問かもしれませんが。

ラー　私はラー。これは無意味な質問ではありません。なぜならば、触媒と〝エネルギー中枢の要求やゆがみ〟という二つの概念は、縄をなうときの二本の撚糸《よりいと》のように固く結びついているからです。

質問者　あなたは以前のセッションで、体験的触媒はまずS極で体験され、生存に寄与する性質が判じられたと述べられましたが。それで質問させていただきました。この概念を説明していただけますか？

ラー　私はラー。各エネルギー中枢のゆがみや、内なる光の気づきから生じる意志や願望の強さに応じて、流入エネルギーが上向きに引き上げられるというろ過のプロセスについてはすでに述べました。よろしければ、より具体的に質問してください。

質問者　これから述べる意見は多少ゆがんでいるかもしれません。その場合はどうか修正してください。

私たちには、心／身体／霊複合体が光と呼ばれる方法で受けとることになる、足や脊柱基底部を通って入ってくる総エネルギーがあります。そして各エネルギー中枢は、この赤色から紫色までのエネルギーの一部をろ過して使用します。それで正しいですか？

ラー　私はラー。これはおおむね正しいですが、つぎのような例外があります。エネルギーの摂取は藍色で終わります。紫色光線は全体の検温器あるいは指標となるものです。

質問者　このエネルギーはある時点でエネルギー中枢に吸収されると、当人に吸収されるだけでなく、エネルギー中枢を介して外に向かって放射されます。私は、これは青色の中枢から始まり、藍色と紫色でも起こると考えていますが、それで正しいですか？

ラー　私はラー。まず、前の質問への回答が完了していませんでしたので、次のように述べることで両方にある程度お答えできるかと思います。完全に活性化された人／存在では、流入光のごく一部がエネルギー中枢の調整の必要に応じて使用され、大量の残りの部分は自由に流れて上方へ引き寄せられていきます。

あなたの二つめの質問により詳しくお答えしますと、手応えを必要としない放射が青色光線から始まるというのは正しいですが、大いなる〝移行期〟の光線である緑色光線も慎重に考慮される必要があります。なぜなら、すべてのタイプのエネルギー移動／伝達が体験され、じゅうぶん習得されるまでは、青色と藍色の放射を遮る詰まりが生じうるからです。

くり返しになりますが、この文脈においては、紫色からの放射は、藍色を介して知的無限に接触するための頼みとなる力です。そこからの放射は紫色の光線ではなく、無限が識別可能なエネルギーにもたらす知のタイプの性質に応じて、緑色、青色、または藍色の光線になります。

この場合、緑色光線タイプの放射は癒し《ヒーリング》、青色光線は意思伝達《コミュニケーション》とひらめき《インスピレーション》、藍色光線は達人のエネルギーで、信頼に関わるものになります。

質問者　心／身体／霊複合体が瞑想中に藍色の中枢になんらかの感覚をおぼえた場合、その人は何を感じているのでしょうか？

ラー　私はラー。これがこのワークでの最後の質問になります。

こうした活性化を感じた人／存在は、その中枢へのエネルギーの流入を体験しています。そのエネルギーは、その中枢の詰まりの解消、他のエネルギー中枢の高調波に合わせるための調整、知的無限への入口《ゲートウェイ》の活性化のいずれかに使用されます。

私たちは、この身体複合体のゆがみを感じた人／存在が、これら三つのうちのどの働きを体験していたかを特定することはできません。

この媒体を離れる前に、簡単な質問であればお答えします。

質問者　**媒体をもっと心地よい状態にしてあげるために、あるいはこの交信を向上させるために、私たちに何かできることがあれば教えてください。**

ラー　私はラー。この媒体の首を支えてあげる必要に気づいてください。すべては順調です。友よ、私は**一なる無限の創造主**の愛と光にあなたがたをゆだねます。ですから、**一なる無限の創造主**のパワー、そして平和のもとで嬉々として前進してください。アドナイ。

{session《セッション》 55}

June 5, 1981

ラー　私はラー。**一なる無限の創造主**の愛と光のなかから親愛のごあいさつを送ります。私は今から交信します。

質問者　**最初に、媒体の状態についてお伺いできればと思います。**

ラー　私はラー。この媒体は、サイキック攻撃によって生じた、身体複合体の弱さに向かう身体的ゆがみを経験しています。しかし、癒し《ヒーリング》のワークにたずさわる人たちの支援のおかげで、彼女の生命力は影響を受けていません。この媒体は、身体複合体が弱さのゆがみに向かいやすい転生プロセスを有しており、明らかにそうした弱さのゆがみの影響を受けています。

質問者　そのサイキック攻撃を緩和し、媒体を最大限に支援するために私たちにできる具体的なことがあれば教えてください。すでに教えてくださったことでも、別のことでもけっこうです。

ラー　私はラー。この媒体を精査《スキャン》しますと、あなたがたお二人の思いやりと、それぞれに対する感謝に向かうゆがみが見出されます。この状況は、くだんのサイキック攻撃がもたらす不快な状況とは最大の対照をなすもので、互恵的なサイキック支援の状況であると言えるでしょう。

お二人はそれぞれに、この媒体に対するいつわりなき姿勢、精神、感情、そして霊的ゆがみの潜在意識的作用をもってその状況をつくり出しています。真心から〝愛に向かうゆがみ〟にまさる魔法はありません。

質問者　ありがとうございます。

以前の題材で理解できなかったことをいくつか質問させていただきます。私たちが取り組んできた、心の構成について、私の理解が多少なりとも明確になるのを期待しつつお訊ねします。

前々回のセッションで、あなたは〝収穫されうるネガティブな地球人には、地上でのネガティブな交渉と同様に、オリオンとの交渉においても値ぶみや指図をしようとする周波数があり、それはオリオンの存在にとっては危険な要因になります〟と述べられました。このご発言に関して、意識の極性化に影響をおよぼすメカニズムを説明していただけますか？

ラー　私はラー。ネガティブな極性化は、他の自己を服従させたり、奴隷化したりすることにより大きく促進されます。ネガティブに極性化された二存在の間には、他方を奴隷化したもの、あるいは他方に指図し得たものがネガティブな極性を獲得するという可能性が存在するのです。

他の自己に奉仕していて指図されたり服従させられた人／存在は、必然的にネガティブな極性を失いますが、一方でさらなるネガティブな極性化への欲求をいっそうつのらせることになります。こうした欲求は、ネガティブな極性を取り戻す機会をつくり出す傾向があります。

質問者　ならば、第三密度の人／存在がオリオンの活動家を呼び出したり指図したりする事実だけでも、両者に影響を与え、極性化をうながすタイプの行動になると考えるべきでしょうか？

ラー　私はラー。それは正しくありません。呼び出しのメカニズムは指図のメカニズムとはつゆほども一致しません。適切な表現ではないかもしれませんが、呼び出しにおいて、呼びかける側は、ネガティブな理解のための助けを求める未熟な嘆願者にすぎません。しかし、オリオン側は呼びかけに応答することでそのネガティブな極性を増大させます。というのも、彼らはそうやって呼びかけた側にネガティブな哲学を流布し、指図や奴隷化をこころみるからです。

しかしそうした接触は、ネガティブ性の典型である〝主導権争い《パワーゲーム》〟に発展することがあり、呼びかける側は援助ではなく結果を要求します。ネガティブな方向性をもつ収穫されうる第三密度の人／存在が、転生体験の連結体においてははばを利かせることができる一方で、オリオンの活動家は、進歩のために第一のゆみに大きく拘束されるため、適切になされた指図には弱いのです。したがって、第三密度の人／存在が主人となり、オリオンの活動家は罠にはまって指図される側になる可能性もあるのです。こうしたことはまれですが、そうなった場合、関与しているオリオンの存在または社会的記憶複合体は、指図している第三密度の人／存在の強さに比例してネガティブな極性を失うことになります。

質問者　今おっしゃった〝適切になされた指図には弱い〟とは、どういう意味ですか？

ラー　私はラー。適切になされた指図とは、ここでは、ほどよくネガティブである指図のことです。第三密度ネガティブの人／存在がそうした主導権争いに応じるためには、自身の構成において、自己への奉仕を含んだ思考と行動の割合が99％にせまっている必要があります。

質問者　このタイプの交渉者は、オリオンの存在とどんな方法で交信するのでしょうか？

ラー　私はラー。もっとも一般的な交渉のタイプは二つあります。一つは性魔術の悪用で、もう一つは儀式的魔術の悪用です。いずれの場合も、指図する側の意図の純粋度が成功の鍵となり、指図される側に勝利することへの集中度がほぼ完璧である必要があります。

質問者　意識の極性化において、このタイプの接触について今述べられたことと、ラーとの交信で私たちが今まさに行っていることの間に類似点はないのかどうか教えていただけますか？

ラー　私はラー。私たちのこのタイプの交信と、先に述べた交渉のプロセスの間にはなんの関係もありません。私たちの交信は、**悲しみの兄弟姉妹**との典型的な接触として特徴づけることができます。そこでは接触を受ける側が、奉仕にふさわしくあれるよう自己本位のゆがみを捨て去ることによって、そのような交信の準備をこころみています。

ラー社会的記憶複合体は、奉仕したいという願望の働きとしてもそれ自体を提供します。そして、呼びかけた側も呼びかけられた側も、こうして他者に奉仕できることの感謝で満たされています。

ここで留意していただきたいのは、呼びかける側つまりこのグループが、私たちが交渉／指図のプロセスで言及したような、完璧さや高い純粋度にせまることを決して意図していないということです。呼びかけを行うどのグループも、ラーのグループ同様に、多くのゆがみを抱えつつ、多くの触媒に取り組んでいる可能性があります。このグループでは、その振動複合体のユニークな高調波が、他者に奉仕したいという最優先の願望と結びつき、私たちに**一なる無限の創造主**の一つのチャネルとして奉仕する機会を提供してくれているのです。

ものごとは、そうしたポジティブな方向性をもつ存在に﹅もたらされるのではなく、そのような存在を﹅通し﹅

ても、もたらされるのです。

質問者　ありがとうございました。

あなたは前回のセッションで〝すべてのタイプのエネルギー移動／伝達が体験され、じゅうぶん習得されるまでは、青色と藍色の放射を遮る詰まりが生じうる〟と述べられました。その部分をもうすこし詳しく説明していただけますか？

ラー　私はラー。私たちはこの時間／空間において、仲介する題材をまだカバーしていません。より適切な空間／時間連結体でもういちど質問してください。

質問者　私はある情報への糸口を探していますが、そこはあまり生産的な領域ではないかもしれません。

あなたは〝ラーである私たちはピラミッド型のような形状に助けられていたことから、私たちはあなたがたを同じように助けることができます〟とおっしゃいました。これらの形状についてはくり返し言及されてきましたが、あなたはそれらの形状そのものはさほど重要ではないとも言明されています。私はそれらの形状と、私たちが学んできた身体にかかわるエネルギーとの間には関係があると考えています。それで、ピラミッドについて二、三質問させていただいて、この理解にさらに踏み込んでみたく思います。

あなたは以前、〝四つの側面それぞれの最初のレベルにある三角形の交点が、水平な菱形を形づくるのがわかります〟と述べられていますが〝交点〟という用語はどのような意味で使用されたのでしょうか？

ラー　私はラー。あなたがたの数学や算数は、私たちが使う可能性のある立体構造的説明が不足しています。曖昧にするつもりはありませんが、そうした形状の目的は、心／身体／霊複合体の時間／空間部分に取り組むことにあります。この場合も、交点は空間／時間および時間／空間の両方に対応しており、時間／空間と空間／時間の両方に投影されたときに一つの点を形成する二つの交点によって三次元幾何学的に表現されています。

質問者　**この点は、ピラミッドの側面を成す三角形の高さの六分の一の位置にあると算出しましたが、それで正しいですか？**

ラー　私はラー。あなたの計算は実質的に正しく、私たちはあなたの明察をよろこんでいます。

質問者　**これは、ギザの大ピラミッドの女王の間と呼ばれる場所がイニシエーションに使われた部屋であるのを示唆するものと思われますが、それで正しいですか？**

ラー　私はラー。あなたはまたもや外なる教えを看破しています。

女王の間は癒しの仕事《ヒーリングワーク》には適さないため、役に立ちません。なぜならその癒しの仕事には、中央に置かれたものの構成ではなく、むしろ相乗的な構成でのエネルギーの使用が必要となるからです。

質問者　それでは、癒しの仕事は王の間で行われたのでしょうか？

ラー　私はラー。それで正しいですが、こうした用語は私たちのものではないことを強調しておきます。

質問者　はい。それは承知しています。それらは単に大ピラミッドの二つの部屋の一般的な名称にすぎません。この一連の質問によって私のエネルギーに対する理解が深まるかどうかは定かではありませんが、実際に概念を探究してみるまでは、こうしていくつか質問させていただく以外できることはあまりないようです。

ピラミッドの底面より下の地中に部屋があり、それは王の間とほぼ同軸上にあるように見えます。それは何のための部屋なのでしょうか？

ラー　私はラー。この一連の質問から得られる情報はあると言えそうです。あなたが情報を求めている部屋は共鳴室です。そのような構造の底面は、癒しの触媒に適切なゆがみを起こすために開かれている必要があるのです。

質問者　『大ピラミッドの生命力（仮題）THE LIFE FORCE OF THE GREAT PYRAMID』という本は、アンク※の形状とピラミッドの共鳴を関連づけています。この分析は正しいのでしょうか？

※　アンク　エジプト十字架。上部が輪になっている十字架。古代エジプトで生命の象徴とされた。

ラー　私はラー。あなたの頭の中を精査《スキャン》していて〝クレヨンを使って仕事する〟という言い回しを見つけました。それが該当するでしょう。アンサタ十字※のようなそれらの形状に、意味は一つしかありません。それは、数学的な関係をコード化することです。

質問者　ピラミッドの頂点の76°18′という角度は臨界角※※でしょうか？

ラー　私はラー。意図した癒しの仕事には、この角度が適しています。

質問者　王の間の上に、さまざまな小さい部屋があるのはなぜですか？

ラー　私はラー。これがこのワークでの最後の質問になります。

あなたのこの特定の質問は、より一般的に説明する必要があります。癒しの対象となる人／存在（以下、癒される人／存在）は、言うなれば、生命エネルギーが光によって一時的に遮られたり交差されたりするような位置に置かれます。この光は、結晶体《クリスタル》を持ったヒーラーの触媒により、さまざまなエネルギー中枢と呼ばれる聴覚的な力を操作して、癒される人／存在がそれを望むのであれば、修正がなされるようにすることができます。その結果その人／存在は、いまやゆがみの少なくなった自分自身のエネルギー場に護られて、自分の道をゆくことができるようになるのです。

このプロセスでは、癒される人／存在を均衡状態に導きますが、それには温度、気圧、および帯電した大気が関わってきます。最初の二つの要件は、通気孔システムによって制御されます。

質問者　この癒しは、エネルギー中枢に働きかけて、それらの中枢が生成する七つの体の完璧を期すよう中枢の詰まりを解消し、それによって癒される人／存在が適切にバランスのとれた状態に導かれるというものでしょうか？

ラー　私はラー。この媒体が疲れてきますので、みじかく簡潔にお答えします。

エネルギー中枢のゆがんだ構成は一時的な中断を意図され、そののち、癒される人／存在にはバトンを受けとり、バランスのとれたルートを取り、そこから、心、身体、霊の不調へのゆがみが大幅に軽減された状態で歩きだす機会が差し出されます。

このプロセスには帯電した大気と、ヒーラーによって方向づけられた結晶体《クリスタル》の触媒効果が不可欠です。というのも、ヒーラーの存在と意志の誘導がなければ再編成の可能性が示されたのちに、当人／存在を自覚ある意識の構成に戻すことは不可能であるからです。

私たちがこの媒体を離れるまえに、簡単な質問であればお答えします。

※　**アンサタ十字**　アンクのラテン語名。コプト教会に採用された。
※※　**臨界角**　屈折率が大きいところから小さいところに光が向かうとき、その入射角を超えると全反射が起きる最小の入射角のこと。

質問者　私たちが媒体をもっと楽な状態にしてあげるために、あるいはこの交信を向上させるために何かできることがあれば教えてください。

ラー　私はラー。すべては順調です。あなたがたは良心的です。私は今このワークを離れます。

私はラー。友よ、私は**一なる無限の創造主**の愛と光にあなたがたをゆだねます。ですから、**一なる無限の創造主**のパワー、そして平和のもとで嬉々として前進してください。アドナイ。

session《セッション》 56

June 8, 1981

ラー　私はラー。**一なる無限の創造主**の愛と光のなかから親愛のごあいさつを送ります。私たちは今から交信します。

質問者　最初に、媒体の状態について教えていただけますでしょうか。

ラー　私はラー。この媒体は現時点で心的および身体的複合体の弱さの方向にかなり深刻にゆがんでおり、この機会に乗じたサイキック攻撃を受けています。

質問者　それでは交信を中止した方がよいでしょうか？

ラー　私はラー。それはあなたがたの判断にすべてゆだねられています。この媒体には利用可能なエネルギーがいくらか転送されていますが、前述したことの影響で、あり余っているわけではありません。

あなたがこのワークでさらなる質問を望まれるのであれば、私たちは終始この媒体の保護に努めます。これ以上説明するまでもなく、あなたは限界をきちんとわきまえておられるはずです。

質問者　**それでは、ピラミッドの形状はどのように機能するのか教えてください。**

ラー　私はラー。ギザと呼ばれる場所にあるピラミッドの形状、角度、および交点の原理をお訊ねであると推察します。

ピラミッドの形状は、実際には作動しませんし、動作もしません。それは心／身体／霊複合体で使われているような、螺旋状に上昇する光エネルギーの集中化と回折《かいせつ》※のための配置です。

光には螺旋をえがく性質があり、そのような螺旋状のエネルギーは個々人の磁場に影響を与えます。特定の形状は、**一なる無限の創造主**の遍在する主要なゆがみであるとして螺旋状のプラーナと一部で呼ばれるもののための、いわゆる反響室や増強装置を提供します。

螺旋状の光エネルギーの増強に見合うように内なる光を呼び起こす必要性とその強化を、みずからの意志で意図している人／存在は、この特定の形状の物体の中にある**女王の間**と呼ばれる場所に置かれます。そこはイニシエーションのための場所であり、再生のための場所なのです。

その補完的な場所は螺旋の動きを表しており、人が癒されるのに適しています。というのも、その位置では人／存在の振動磁気連結体が通常の流れにおいて中断され、その結果、可能性／蓋然性の渦が発生するからです。いわば新しいはじまりが人／存在に提供されるのです。つまり、そこで人／存在はこれまでよりもエネルギー中枢の磁気的ゆがみや詰まりの少ない構成を選ぶことができるのです。

この中断がもたらす力は、いわゆる肉体をもつ知性によって制御される必要があるため、ヒーラーと結晶体《クリスタル》の役割はいくら強調してもしすぎることはないでしょう。その知性は、エネルギーのパターンを認識し、詰まりや弱さやその他のゆがみを価値判断することなく識別し、自己と結晶体《クリスタル》の規則性をとおして、治癒される他の自己のよりゆがみの少ない状態を視覚化することのできるものです。

各種のアーチ型や、ティピー※※を含む各種の円錐といったその他の形状も、このタイプの螺旋状の光の増強をともなう形状です。私たちの部屋もこのような丸みを帯びた形をとっているため、パワーのある場になっています。

しかし、そうした形状は危険をはらんでいることに注意する必要があります。私たちはピラミッドや曲面

※　**回折**　媒質中を伝わる波動が、障害物の影や背後に回り込んで伝わる現象。
※※　**ティピー**　ネイティブアメリカンが移動用住居として使っていた円錐型のテント。動物の皮で作られる。

形状について詳述する機会が得られたことをとても嬉しく思います。というのも、そうした形状には多くのあやまった使用法があることを、栄誉／義務の一環として述べておきたいからです。それらの形状は、不適切な配置、不適切な意図、あるいは癒しのチャネルとして機能する結晶化した存在の不在のもとで使用された場合、敏感な人／存在では、ゆがみが小さくなるどころか拡大してしまうことがあるのです。

あなたがたの諸民族はほとんどの場合、あえてパワーを集中させることのない、隅角のある四角い居住空間を造ってきたことに注目してください。そしてあなたがたの多くの時代において、霊的神聖性の探求者たちは、**創造主**の力を表すものとして、丸みを帯びた形、アーチ型、および先の尖った形を求めてきたことにも気づいてください。

質問者　ピラミッド型の頂角で、最大の効率をもたらす角度はありますか？

ラー　私はラー。あなたが知りたいのは癒しの仕事にもっとも適した頂点の角度であろうと、この媒体のエネルギーを節約するために今回もあらかじめ推察してお答えします。

任意の形状に、その内部の適切な補完的位置に、個人の心／身体／霊複合体を収めるのに充分な大きさがあるならば、約76°18′の近似角度が有用かつ適切です。補完的位置しだいでは角度も変わる可能性があります。また、ヒーラーにゆがみを知覚するに足る識別力があれば、結果が得られるまで補完的位置をピラミッド内で移動させることも可能です。しかし、私たちはこの具体的な角度の有効性を知っています。ほかの社会的記憶複合体またはその一部は、ことなる使途に応じてさまざまな頂角を定めていますが、それらはいずれも癒しではなく学びに関係しています。円錐形やいわゆるサイロのような形状における取り組みの場合、癒しのエネルギーは、その形状の高さと幅、そして円錐の場合は頂角に応じて、それぞれの形状に固有な一般的な円形パターンをえがくのがわかります。これらの場合は隅角がないため、螺旋状のエネルギーは円運動で働くのです。

質問者　私の意見を述べますので、修正していただければと思います。
　ギザのピラミッドの螺旋状エネルギーは、いわゆる**王の間**を通過するとき拡散し、いわゆる**女王の間**でふたたび焦点を結ぶように直観では感じられます。その**王の間**のエネルギーの広がりは、赤から紫の色のスペクトルで見られ、癒される人／存在のエネルギー中枢は、このスペクトルが彼／彼女のさまざまな中枢に一致するように、そのスペクトルの広がりに合わせて調整される必要があると推測します。この意見を修正していただけますか？

ラー　私はラー。私たちはこの意見を修正することができます。

質問者　それでは、お願いできますでしょうか？

ラー　私はラー。螺旋状エネルギーは**王の間**の位置を通過する時点で拡散しはじめます。しかし、螺旋は頂角まで二重螺旋の形で閉じたり開いたりしながら交差をくり返しますが、赤から紫の色価を有する螺旋状のエネルギーの拡散や強さは、強さについては減少し、拡散については増加します。そしてピラミッドの頂点では、癒しに有効な非常に弱い色分解能になります。そのため**王の間**の位置は、中央の起点から**女王の間**の位置を経てゆく最初の螺旋に即して選択されます。拡散の角度は、ピラミッドの頂角の逆向きをイメージしていただければと思いますが、その角度はピラミッドの頂角よりせまく、惑星自体のさまざまなリズムに応じて、33°から54°のどこかになります。

質問者　それでは、かりに私が**女王の間**の底面から33°から54°の角度をつくると、その角度の半分は中心線の**王の間**のある側にきます。これは、**女王の間**の底面の一点から始まるスペクトルの拡散を示します。かりに40°の角度であれば、中心線の左側に20°分の拡散があり、それが**王の間**を通過することになると推測しますが、それで正しいでしょうか？

ラー　私はラー。これがこのセッションでの最後の質問になります。

前述の角度の半分が**王の間**の位置を通過するという部分は正しいですが、角度の基盤が**女王の間**にあるという仮定は正しくありません。その角度は、**女王の間**の位置と、その下方にある、癒しのワークを補うための共鳴室のある層との間のどこかから始まります。

このバリエーションは、惑星のさまざまな磁束に依存するものです。ただし**王の間**の位置は、角度の起点となる位置とは関係なく、エネルギーの流れの最強の螺旋と交差するように設計されています。しかし、その螺旋状のエネルギーはかならず**女王の間**の位置を通過する際集中がなされ、そのもっとも強い状態にあります。

簡単な質問でしたら、お答えすることが可能です。

質問者　私たちが媒体をもっと心地よい状態にしてあげるために、あるいはこの交信を向上させるために何かできることがあれば教えてください。

ラー　私はラー。友よ、すべてが順調です。しかし、この媒体の限界を意識していることはとても大切です。位置合わせは今のところたいへん良好です。

私はラー。私は**一なる無限の創造主**の愛と光にあなたがたをゆだねます。ですから、**一なる無限の創造主**のパワー、そして平和のもとで嬉々として前進してください。アドナイ。

{session《セッション》 57}

June 12, 1981

ラー　私はラー。**一なる無限の創造**主の愛と光のなかから親愛のごあいさつを送ります。私たちは今から交信します。

質問者　**最初に、媒体の状態について教えていただけますでしょうか。**

ラー　私はラー。この媒体は、かなり深刻なサイキック攻撃を受けているのですが、補充された生命エネルギーと、ユーモアのセンスと呼ばれるバランス感覚に向かうゆがみのおかげで、それによく耐えています。

この攻撃は、あなたがたの空間／時間のしばらくの間、この交信を乱す可能性があります。

質問者　その攻撃を緩和するために、私たちがすでに実行していること以外で、具体的に、何かできることはないのでしょうか？

ラー　私はラー。この攻撃を軽減するためにできることはありません。しかしそのメカニズムを理解することが一助になるかもしれません。

質問者　**そのメカニズムを教えていただけますか？**

ラー　私はラー。オリオン・グループは直接干渉することはできず、心／身体／霊複合体の既存のゆがみを通してのみ干渉することができます。今回の場合、この人／存在はうかつにも重い物を片手で取ろうと手をのばし、そのときの動作が原因で彼女の付属物の骨格／筋肉構造の一部が変形し、ゆがみが生じています。

　このゆがみは言ってみれば、骨がまだしっかり治っていない術後の状態に相当しますので、あなたがたはそこに適切なケアを施すことで媒体を助けることができます。この媒体は、今後こうしたあらぬ誤算を避ける注意が必要であり、あなたがたも彼女にそう心がけるよう促してあげてください。

質問者　**すでに発生してしまったこの状態を緩和するために、具体的に何かできることはありますか？**

ラー　私はラー。以下の情報は原則を欠き、特定の短命な効果しかもたらさない一過性のものですが、無害ですのでお伝えします。

手首の部分は、捻挫と呼ばれるゆがみの形態のときのように包《くる》む必要があり、身体複合体のこのゆがんだ右側に、腕をつるための三角巾と呼ばれるものを終日もちいるとよいでしょう。そしてその使用期間中は、症状と呼ばれるこうしたゆがみが緩和されるまで、くり返し患部を確認するようにします。

あなたがたがそれぞれ見習い中である癒しのワークを、必要に応じて使うのもよいでしょう。

結晶体《クリスタル》を使用することもできます。

質問者　**どの結晶体のことをおっしゃっていますか？**

ラー　私はラー。この媒体の右手の指の上にある結晶体です。瑕疵《かし》がありますが、じゅうぶん使用に足りるものです。

質問者　**この目的のために、その結晶体をどのように使用すればよいか教えていただけますか？**

ラー　私はラー。これは大きな質問です。

まず、あなたは心／身体／霊複合体として自己のバランスをととのえ極性化し、上向きの螺旋状をえがいて流入してくる普遍的な光と内なる光を結びつけます。あなたは関与するプロセスを、使途を期して調整する練習を積んできています。結晶化された在り方への準備のため、それらに目を向けてください。

つぎに結晶体《クリスタル》を手にとり、あなたの極性化され、強化されたバランスのとれたエネルギーが、あなたの在り方をとおして緑色光線の癒しに向けられ、凍結光である結晶体の規則性に入り込み、それ（結晶体）を活性化させるのを感じてください。結晶体は癒しの愛で充電された光に共鳴し、光エネルギーが特定の方法で放射しだし、癒される心／身体／霊複合体の磁場に向けて集中され強化された癒しのエネルギーを、必要な光の振動で照射します。すると、そのような癒しを求めるこの人／存在は、全身的な紫色／赤色光線の保護振動シールドの鎧を開きます。このようにして、心、身体、霊の中枢から中枢への内なる振動場が一時的に中断され調整されるため、癒される人は、エネルギー場と振動関係において、よりゆがみの少ない内なる複合体を選択する機会を得ることができるのです。

質問者　**ヒーラーは、右手に結晶体を持つべきでしょうか？**

ラー　私はラー。それは正しくありません。推奨される結晶体の配置は二通りあります。

一つめは、結晶体をチェーンで首から下げ、それが身体の緑色光線のエネルギー中枢の位置に来るようにするものです。二つめは、先端に結晶体をつけたチェーンを右手から下げますが、チェーンを持ち手に巻くなどして、結晶体を揺らしながら微調整できるようにするというものです。

この情報は、自身のそうしたエネルギーを効率よく使用するには多くの訓練が必要となるのを承知しつつ、あえて提供しました。しかし、あなたがたはどちらにもそうする能力があります。そしてこの情報は、正確に理解したうえで実行に移すのであれば、決して有害なものではありません。

質問者　**傷のない結晶体と、私たちが持っている傷のあるものでは、効果に各段の差が出るのでしょうか？**

ラー　私はラー。選択におけるあなたの優先順位を見るまでもなく、規則化ないし結晶化された人／存在の存在こそが、その構成において、使用される結晶体の完璧さと同じくらい重要であることを指摘しておきます。

質問者　**結晶体の物理的な大きさと治癒の効果には何らかの関係がありますか？**

ラー　私はラー。惑星の癒しに関わる適用においては、大きさが考慮される場合があります。しかし、個々の心／身体／霊複合体にもちいる場合は、結晶体が結晶化した存在と調和していることが唯一の要件となります。多面結晶体と呼ばれるものの大きさには、おそらく下限はあります。なぜならば、その結晶体を通る光は、治癒される人のスペクトルの全幅に広がる必要があるからです。

さらに、水もまた結晶体の一種であり、有効であることは注目に値します。あなたがたの密度でそれをチェーンでぶらさげるのは容易ではないでしょうけれども。

質問者　この鉛筆の末端が私のへそにくるように置いたとき、鉛筆の先端は、首から下げた結晶体が適切な緑色光線のために留まるべき位置にきますか？　この位置で正しいですか？

ラー　私はラー。あなたがたの測定値での回答を試みます。あなたの心臓に向かってもう2cmから5・4cmの間が最適です。

質問者　それではさっきと同様に、今度はこの薪を使ってその一端をへそにくるように置き、もう一端を結晶体がくる位置に決めようと思いますが、それで正しいでしょうか？

ラー　私はラー。それで正しいです。

質問者　先ほど説明された癒し《ヒーリング》は、ギザのピラミッドの**王の間**で行われた癒しとどのように関係しているのでしょうか？

ラー　私はラー。あのような形状と寸法の立体配置でこのワークを行うことには、二つの利点があります。

一つめは、紫色／赤色光線の鎧や保護殻の崩壊や中断が自動的になされることです。

二つめは、この位置の配置そのものゆえに、光は七つの特徴的な色またはエネルギー振動率で構成されるため、結晶化した存在は自身を通して結晶体で集中されたエネルギーを、空間／時間と時間／空間の両方において、乱れがなく慎重に仕切られたエネルギーや色のパレットをとても容易に操作することができ、その結果、鎧をはずした人／存在の調整が迅速にかなうということです。これは特に、この密度での身体複合体の活動の連続機能における可能性の最大部分が、〝鎧で身を固めること〟で占められているケースにおいて望ましい場合があります。なぜなら、この鎧／防御態勢に向かう振動が中断されることによるトラウマが、明らかに軽減されるからです。

ピラミッド型を造るものの一部である私たちは、癒しを起こす際のこの形状の使用は、決して必須ではないことをこの機会に栄誉／義務をかけて指摘します。というのも、あなたがたが振動的古参としての進化をとげたおかげで、癒される心／身体／霊複合体の振動複合体が、防御態勢の中断によるトラウマを受けにくくなっているからです。

さらに、すでに述べたように、鎧の崩壊をともなうほど強力なピラミッド効果は、結晶化したヒーラー不在で使用したり、あやまった意図や立体配置で使用した場合、癒されるはずの人／存在にさらなるゆがみを与えてしまう可能性があります。おそらくそれは、エネルギー場に乱れを引き起こす、あなたがたの化学物質の一部の作用と似たものでしょう。

質問者　**現在、ピラミッド型に有益な使いみちはあるのでしょうか？**

ラー　私はラー。慎重に使用されることを前提に、肯定的なお返事ができます。

ピラミッド型は、人／存在が**女王の間**の位置に置かれるか、あるいは複数の人／存在がこの中心点のあたりにバランスよく配置されれば、瞑想状態の向上に利用することができます。

小さいピラミッド型は、身体複合体の一部の下に置くことで、その身体複合体にエネルギーを与えることができます。これは、あなたがたの30分を超えないよう短時間のうちに行ってください。

惑星エネルギーのバランスをとるためのピラミッドの機能は、現在もわずかながら作用しています。しかし地球の変化により、ピラミッドの配置は、もはやこの仕事に適したものではなくなっています。

質問者　**いわゆる女王の間の位置に置かれる人／存在が受けるという、瞑想のための援助やそのメカニズムはどういったものなのでしょうか？**

ラー　私はラー。心／身体／霊複合体の極性を考慮してください。内なる光は、あなたの在り方の中心となるものです。その強さは、光を求めようとするあなたの意志の強さに相当します。

グループの位置つまりバランスのとれた配置はその意志の量を増やします。換言すれば、存在のS磁極から入って、螺旋状に上昇してくる光を引き寄せるために必要な、内なる光への気づきの量を増大させるのです。

探求が強化され、深まるにつれて、その人／存在からは多くの余計なものやゆがみが剥がれて落ちていき、彼／彼女はこの集中化され純化された流入光とひとつになることができます。それが、ここがイニシエートの場所である所以です。

質問者　それではピラミッド型の使用上、**王の間**の位置のエネルギーの影響を受けずに**女王の間**の位置のエネルギーを使うには、**女王の間**の位置と**王の間**の位置の間隔が充分あくように、ピラミッド型をそれなりの大きさにする必要があると思われますが、それで正しいですか？

ラー　私はラー。この用途では、頂角が小さければピラミッド型も小さくなる可能性があり、その場合は**王の間**の位置を形成することはできません。また、この用途にはサイロ型、円錐、ドーム型、ティピーなどの形状も有効です。

質問者　いま挙げられた形状にあるのは**女王の間**の効果だけで、**王の間**の効果はまったくないのでしょうか？

ラー　私はラー。これらの形状には**女王の間**の効果があります。ここで注目したいのは、強く結晶化した人／存在は、事実上、移動可能《ポータブル》な**王の間**の位置であるということです。

質問者　それでは、私たちの惑星進化のこの時期に、王の間の効果をもつことの必要性、用途、利点はあくまでないということでしょうか？

ラー　私はラー。もし、ヒーラーを志す人たちが結晶化した性質をもち、全員が熱心に祈りをささげ、ゆがみを減らすことを望んでいたのであれば、ピラミッドは相変わらず癒しの触媒を助けるために光とそのエネルギーを提供してくれる、慎重に設計されたパラメータの揃いでありつづけていたことでしょう。

しかし、私たちはあなたがたの諸民族が、この強力で潜在的危険をはらむ贈り物に与《あずか》るのに充分なほど、純粋さを求める方向にゆがんでいないことを察知しました。したがって、私たちは**王の間**のいわゆる因襲的な立体配置を癒し《ヒーリング》に使用しないことをおすすめします。それはもともと私たちが愚直にもあなたがたの諸民族に与えたものでしたが、その用途は著しくゆがめられ、私たちの教えも失われてしまいました。

質問者　私たちの用途に適したティピー型の頂点は、どのような角度になりますか？

ラー　私はラー。それはあなたの裁量にお任せします。円形や丸みをおびた形状、あるいは先が尖った形状の原理は、中心が不可視の誘導コイルの役割を果たすというものです。そのため、エネルギーのパターンは螺旋状や円状になります。そして、あなたはもっとも快適な構成を選択することができます。効果については比較的固定されています。

質問者　**構築素材やその厚みによって効果に違いは出るのでしょうか？　それは単に形状の幾何学的側面の問題でしょうか、それとも他に関わってくる要因がありますか？**

ラー　私はラー。大きな考慮事項となるのは、それらの形状の立体配置における、あなたがたの言うところの幾何学つまり関係性です。錫《すず》を含む素材や、鉛などの卑金属を含む素材は避けるのが賢明です。木材、プラスチック、ガラスなどの素材はどれも適していると考えられます。

質問者　**ピラミッド型を人／存在の下に置く場合どのようにすればよいのでしょうか？　寝台の下に置けばよいのでしょうか？　〝下に置いて〟人／存在にエネルギーを与える方法というのが今ひとつわかりません。どのようにすればよいのか教えていただけますか？**

ラー　私はラー。あなたの推測で正しいです。適切な大きさのピラミッド型であれば、頭用のクッションの真下、あるいは身体複合体が置かれている簡易ベッドの真下に置くのでよいでしょう。

この形状の頂点から発せられて上昇する光の三番目の螺旋は、過剰摂取すると非常に有害であるため長時間使用しないでください。

質問者　そうしたピラミッドが最大の機能を発揮する理想の高さはどれくらいでしょうか？　センチメートルで教えてください。

ラー　私はラー。それは重要ではありません。重要なのは、ピラミッドの基礎から頂点までの高さと基礎底面の外周の比率だけです。

質問者　それはどのような比率になるのでしょうか？

ラー　私はラー。その比率はあなたが観察しうる1・16になるはずです。

質問者　それはピラミッドの四つの底辺の合計が、ピラミッドの高さの1・16倍になるようにするのが好いということですか？

ラー　私はラー。それで正しいです。

質問者　女王の間がイニシエーションの場所であったとおっしゃいましたが、それはどういう意味でしょう

か？

ラー　私はラー。これは大きな質問です。私たちがかつてあなたがたに提供したイニシエーションのプロセスがバランスを欠くものであったという私たちの信念／理解に向かうゆがみゆえに、私たちはイニシエーションの意味を具体的に説明することはできません。

しかしあなたはイニシエーションの概念をご存知で、それが**創造主**の探求を在り方の中心に据えることを求めているのを理解しています。私たちはこの理解のバランスをとることをのぞみ、それゆえ一**なるものの法則**つまり〝すべてのものは一**なる創造主**である〟ことを説いてきたのです。おわかりのように、**創造主**の探求は、瞑想や達人の働きにおいてだけでなく、毎瞬毎瞬の体験的つながりにおいて行われるものです。

女王の間のイニシエーションは、**創造主**をあまさず知りたいという願望のために自己を放棄することと関係しており、浄化された流入光がすべてのエネルギー中枢を介してバランスよく導かれて藍色で集まり、知的無限への入口を開きます。このようにして人／存在は真の生命、つまりあなたがたの言うところの〝復活〟を体験するのです。

質問者　ピラミッドは学びにも使用されたとおっしゃいました。そのプロセスも同じものですか？　それとも何か違いがありますか？

ラー　私はラー。違いがあります。

質問者　どのような違いですか？

ラー　私はラー。その違いは、教え／学びを目的として当初は空間／時間に現われ、いくらか学びが進んでからは時間／空間に現われる他の自己たちの存在です。私たちが作成したシステムでは、学び舎はピラミッドとは別の場所にあり、体験は単独でなされました。

質問者　今おっしゃったことの意味がよく理解できませんでした。もう少し詳しく教えていただけますか？

ラー　私はラー。これは幅広いテーマです。具体的に質問し直してください。

質問者　それは、あなたがたの周波数帯域または密度からの教師たちが**女王の間**に出現してイニシエートたちを教えていたということでしょうか、それとも、なにか別のことを意味されていたのでしょうか？

ラー　私はラー。私たちのシステムでは、**女王の間**の位置での体験は単独でなされました。アトランティスや南アメリカでは、教師たちがピラミッドでの体験を共有しました。

質問者　学びであれ教えであれ、この学習プロセスはピラミッドの中でどのように行われたのでしょうか？

ラー　私はラー。教え／学び、学び／教えは、どのように行われるのでしょうか？

質問者　今日での使用に危険がともなうピラミッドの形状は、**王の間**の効果を生み出すのに足りる大きさの四角錐であるという意見は正しいですか？

ラー　私はラー。76°の頂角が強力な形状の特徴であることを理解しているのであれば、この意見で正しいです。

質問者　それでは、頂角が76°のピラミッドはいかなる場合でも使用すべきでないと考えますが、それで正しいですか？

ラー　私はラー。それはあなたの裁量にゆだねられています。

質問者　質問し直します。76°頂角のピラミッドの使用は危険をともなう可能性があると見なし、それでは76°未満の頂角で、そうした危険をもたらさない最初の角度はどれくらいかをお訊ねしたいと思います。

ラー　私はラー。あなたの推測は正しいです。お訊ねの、76°より小さい頂角は、70°未満であればどのような角度でもかまいません。

質問者　ありがとうございました。ピラミッドについてもっとお訊ねしたいところですが、じつはここに（個人名）が用意してきた質問がありますので、ここで差し挟ませていただきます。空間／時間と時間／空間の概念と、その概念を乗り越える方法、そして、個人がその概念の影響を受けなくなるのはどの密度レベルからなのか詳しく教えていただけますか？

ラー　私はラー。これがこのワークでの最後の質問になります。この媒体にはまだ生命エネルギーがいくらか残っていますが、その身体複合体に、痛みに向かうゆがみが増加しつつあるのが気になります。

空間／時間と時間／空間の概念は、あなたがたの幻影の関係、つまり見えるものと見えないものの関係をできるだけ数学的に言い表したものです。これらの説明的な用語はぎこちないものですが、この仕事には充分であると思われます。

融合を求める神秘的探求の体験において、これらは幻影のシステムの一部にすぎないため、そもそも考慮する必要はありません。探求者は一**なるもの**を求めます。これまでにも述べてきたように、一**なるもの**は、自身の明白なゆがみと、まったき完全性の両方を認識している、自己受容的でバランスのとれた自己によってさがし求められるものなのです。このバランスのとれた気づきに身を置いた人／存在は、そこから自分自身である宇宙に自己を開きます。すると、この強烈な探求心によって、あらゆるものの光のエネルギーが引き寄せられ、その引き寄せられた宇宙のプラーナが内なる探求と出合うところでは、**一なるもの**の具現化がもれなく起こるのです。

それぞれのエネルギー中枢をクリアにすることの目的は、その出合いの場を藍色光線の振動レベルで実現させ、それによって知的無限と接触し、すべての幻影を解消することです。他者への奉仕は、この意識状態から生じて放出されるエネルギーで自動的に行われます。

あなたがたが理解しているような、空間／時間と時間／空間の区別は、第三密度以外では通用しません。しかし第四、第五、そしてある程度第六密度は、極性化された空間／時間と時間／空間の何らかのシステムのなかで機能しています。

あるシステムから別のシステムへの次元移動に必要な計算はいささか困難であるため、あなたがたと数値的概念を共有するのはかなり大変です。そこで、あなたがたには私たちの数字を注視し、疑わしいものについては照会していただくよう、この機会にあらためてお願いしたいと思います。

私たちがこの媒体を離れるまえに、簡単な質問でしたらお答えします。

質問者　私たちが媒体をもっと快適な状態にしてあげるために、あるいはこの交信を向上させるために何かできることがあれば教えてください。

ラー　私はラー。すべてが調和しています。私は喜びをもって、あなたがた全員にいとま乞いをします。調整も申し分ありません。

私はラー。私は一**なる無限の創造主**の愛と光にあなたがたをゆだねます。ですから、**一なる無限の創造主**のパワー、そして平和のもとで嬉々として前進してください。アドナイ。

{session《セッション》 58}

June 16, 1981

ラー　私はラー。**一なる無限の創造主**の愛と光のなかから親愛のごあいさつを送ります。私たちは今から交信します。

質問者　媒体の状態について教えていただけますでしょうか？

ラー　私はラー。媒体の状態は、すでに言及している身体的ゆがみがやや増加していること以外は、以前述べたとおりです。

質問者　その身体的ゆがみが増加した原因を教えていただけますか？

ラー　私はラー。これまでにも述べてきたように、このような性質の身体的ゆがみは、身体複合体の、あなたがゆがみと呼ぶような脆弱な部分の過活動が原因で始まります。それが悪化するのは、関節炎と呼ばれるそのゆがみそのものの性質によるものです。いったん始まると、ゆがみは期せずして残存し、前ぶれなく悪化したり、緩和したりします。

質問者　**ダイヤモンドの結晶体を使ったヒーリングをしてみました。結晶体を首からチェーンでぶら下げる場合と、右手でぶら下げて使う場合の両方を試してみました。手首にもっとも効果的なヒーリングワークを行うには、結晶体が手首の真上一センチか二センチ離れた位置にくるようにぶら下げるのが好いと思うのですが、それで正しいですか?**

ラー　私はラー。これは、あなたが癒しの分野で熟達しているのであれば適切でしょう。あなたが持っているような強力な結晶体を使うヒーリングワークの実施は、実践者がまだ精妙な諸体の磁束を知覚できていなければ、まるで初心者にトンカチと釘でバチカンを築くよう指示するようなものでしょう。

結晶体を揺らして使用することにはすばらしい技巧的価値がありますが、あなたの能力開発における現段階では、強力でない結晶体を使い、身体の主要なエネルギー中枢だけでなく、二次的および三次的エネルギー中枢を確認し、それからそれらに対応する精妙な体《ボディ》のエネルギー中枢をさぐりはじめるのが好いでしょう。そうすることで、あなた自身の内なるビジョンを活性化させることができます。

質問者　それには、どんな種類の結晶体を使うのが好いでしょうか？

ラー　私はラー。あなたの目的は、それらのエネルギー中枢を乱したり操作したりすることではなく、ただそれらの位置を確認し、それらがバランスのとれた状態のときはどのように感じ、バランスが崩れたり詰まった状態のときはどのように感じるかを認識できるようになることですので、左右対称の形をしていればどんな錘《おもり》でも大丈夫です。

質問者　**私は、自分の手から六〇センチほど垂らした錘が癒される人の身体の真上に来るようにし、それが時計回りに回りはじめたら、それはエネルギー中枢が詰まっていないことを示すものと想定しようと思っていますが、それで正しいですか？**

ラー　私はラー。手から錘までの長さは重要ではなくあなたの判断しだいです。円運動は詰まっていないエネルギー中枢を表していますが、逆に極性化されている人／存在もいるため、手順を開始するまえに当人の通常のエネルギー螺旋の形状をテストしておくのが好いでしょう。

質問者　**どのようにテストするのでしょうか？**

ラー　私はラー。テストでは、まず錘をあなたの手の上にかざして、あなた固有の形状を観察します。次に、他の自己の手の上でも同じ手順をくり返します。

質問者　私たちの場合は、この媒体の手と手首を癒すことに関心がありますので、彼女の手首の部分のエネルギー中枢をテストしてみようと思いますが、それで正しいでしょうか？

ラー　私はラー。私たちはこのヒーリング形態についての一般的な情報と、媒体の現状をすでにお伝えしています。その先には、情報が**混乱の法則**を侵害する境界線があります。

質問者　私は、エネルギーのパターンや流れの中でじっさい何が起こっているのかを、いくつかの例で辿ってみたいと思います。まずはピラミッド型を取り上げ、この形状によって何らかの集中がなされたエネルギーを追跡します。意見を述べますので、それを修正していただければありがたいです。

ピラミッドはどの方角を向いていても螺旋状のエネルギーを集中させることができますが、ピラミッドの一側面が正確に磁北を向いているときに最大の集中度が得られると思われます。それで正しいですか？

ラー　私はラー。これはおおむね正しいですが、一つ補足したいことがあります。角の一つが磁北を向いている場合もエネルギーの集中度は高まります。

質問者　つまり、ピラミッドの底面の対角をむすぶ線を引いて磁北に向けると、それは一側面を磁北に向けた場合から正確に45度外れることになりますが、その場合も同じように作用するということですね？

ラー　私はラー。位置合わせがまったく考慮されていないピラミッド型の場合より、はるかに良い効果が得られます。ただし、前者の配置ほどの効果は見込めません。

質問者　ピラミッド型は磁気配列が同じであれば、地表に対して上下が逆でも同じように機能するのでしょうか？

ラー　私はラー。あなたの質問を理解できません。上下逆さのピラミッド型では、ピラミッドの効果は逆転します。いわんやピラミッドのような構造体を先端を下に向けて造ることは困難です。あなたの質問を間違って解釈しているのかもしれませんが。

質問者　私はこの質問で、ピラミッドが光を集める方法を理解したかっただけで、ピラミッドを使いたかったわけではありません。私が知りたかったのは、かりにピラミッドを下向きに構築した場合も、上向きの場合と同じように、**女王の間**の位置かそのすぐ下で焦点は結ばれるのだろうかということです。

ラー　私はラー。人／存在の極性が何らかの理由で反転した場合にのみ、そのように機能します。

質問者　では、螺旋状の光エネルギーについてお訊ねしますが、それらは地球の中心に向かう位置から発生

し、そこから外に向かって放射されるのでしょうか？

ラー　私はラー。ピラミッド型は、底面または基礎と呼ばれる部分から流入してくるエネルギーを集め、そのエネルギーを頂点に向けて螺旋状に上昇させる収集器です。これはピラミッド型が逆さである場合にも当てはまります。また、そのエネルギーはご質問にあるような地球のエネルギーではなく、遍在している光のエネルギーです。

質問者　**ピラミッドが個体であるか、あるいは四枚の薄板でできているかは問題になりますか？　また、そうした二つのつくりでは効果に差がありますか？**

ラー　私はラー。エネルギー収集器としては、形状そのものが唯一の要件になります。そのような形状に自分自身を収容する場合、身体複合体の実用的必要性からは、外部からの刺激に圧倒されないよう、形状の側面はしっかりしたものであるのが好いでしょう。

質問者　**それでは、頂点で接合させた四本のワイヤーフレームを底面に下ろしただけの、完全に開放的《オープン》なピラミッドであっても、螺旋状の光エネルギーについて同じことが言えるというので正しいですか？**

ラー　私はラー。フレーム形状と個体形状が同等であるという考えは正しいのですが、瞑想のプロセスを助ける目的で設計されたピラミッド型に関しては、使用が推奨されない金属が多数あります。推奨されるものは、あなたがたの取り引きのシステムでは高価なものと呼ばれています。木材などの天然素材や人工的につくられたプラスチック製の竿なども有用でしょう。

質問者　四本の木の竿を頂角で接合させただけの開放的《オープン》で簡素なものでも、螺旋状の光が焦点をむすぶのはなぜですか？

ラー　私はラー。形而上学的な視点で光を水に、ピラミッド型を漏斗《じょうご》に見立てれば、この概念は自明のことなるでしょう。

質問者　ありがとうございました。

重要でない題材を扱うつもりはないのですが、ピラミッドを誤用した者たちに何らかの危険が及んでいる事実もあり、ピラミッドについての質問は、あなたも望まれるところであればと考えました。

また、私は光がどのように働き、すべてのものがどんなふうに連携するかを把握しようとしており、ピラミッドに関する質問は、光という第三のゆがみを理解する助けになるのではという期待もありました。ピラミッド型は漏斗のように働いてエネルギーの密度を高めるため、個人についても、実際に第三のゆがみをより大きな強度で利用できるように思えるのですが、それで正しいですか？

ラー　私はラー。一般的にはそれで正しいです。

質問者　さて、あなたが凍結光として言及されたダイヤモンドのような純粋な結晶形状ですが、第三密度での光のこの物質的な現れは、一般的な意味での第三のゆがみのための何らかの窓か、あるいは焦点を合わせるメカニズムであるように思えるのですが、それで正しいですか？

ラー　私はラー。基本的には正しいです。しかし、この素材に超次元的な光を流すことができるのは、結晶化された人／存在の意志だけであることに注意してください。その人／存在に規則性があればあるほど、また、結晶体に規則性があればあるほど、深遠な効果がもたらされます。

質問者　昨今では、念じるだけで金属を曲げてしまうなど、その手のことができる人が少なくありません。そこでは何が起こっているのでしょうか？

ラー　私はラー。そこで起こっていることとは、ピラミッドの二番目の光の螺旋が人／存在に使われた際の影響になぞらえることができます。頂点で終わるこの二番目の螺旋の光は、形而上学的な意味でのレーザー光に例えられ、知的に誘導されれば、ピラミッド内でなくても物体を曲げる現象を引き起こすことがあるのです。しかしこのエネルギーは、上向きの螺旋状の光を集中させることのできる人たちが使用するタイプのもので、これは藍色光線で知的エネルギーと接触することによって可能になります。

質問者　なぜあの人たちはそういうことができるのですか？　とくに訓練を受けているふうでもないのに、

ああしてただやってのけてしまうのです。

ラー　私はラー。彼／彼女らはこうした活動に必要な要領《こつ》を憶えているのです。しかしそうした活動は、別の真の色の振動的体験の連結体においてのみ有用です。

質問者　では、私たちの現在の密度では役に立たないというわけですね。ごく近い将来、この惑星の第四密度では役立つようになるのでしょうか？

ラー　私はラー。このようなエネルギー集中の目的は構築することにあり、破壊することではありません。それは、いわば第三密度の構築手段にとって代わるものとして非常に有用になります。

質問者　ヒーリングにも利用されますか？

ラー　私はラー。いいえ。

質問者　このような性質や能力を身につけたり、じっさい金属などを曲げられるようになることに利点はあるのでしょうか？　つまり私がお訊ねしたいのは、そうした性質は人／存在の発達の一里塚であるのか、それともただ単に何か別のものなのかということです。たとえば念力でものを曲げる能力は、人／存在が自身の藍色によって成長していることを知る手がかりになりますか？

ラー　私はラー。これが今回のワークでの最後の質問になります。

ピラミッドが示す光エネルギーの三つの螺旋をここに明記しておきましょう。まず一番目は基本的な螺旋で、学びや癒しに使われます。二番目は頂点に向かう螺旋で、構築に使われます。三番目は頂点から広がっていく螺旋で、エネルギーを与えるために使われます。

藍色光線とのつながりは、必ずしも、あなたが考えるように特定の資質や道標で示されるわけではありません。純粋な存在の藍色のエネルギーを持ちながら、いちどもそれを顕在化させたことのない人／存在もいます。ただし、そういう人／存在の成長ぶりは誰の目にも明らかです。それ以外にも、知的エネルギーとの接触をいろいろな方法で教えたり、共有したり、顕在化されない形で知的無限の探求をつづけている人たちもいます。

したがって、顕在化されたことがらは、心／身体／霊複合体について感知されたり直観されたりすることがらほど手がかりとして重要ではありません。こうした紫色光線的な在り方のほうが、(顕在化されたことがらよりも）はるかに大きく真の自己を示しているのです。

私たちがこの媒体を離れるまえに、簡単な質問や解決しておきたい小さな問題があればうかがいましょう。

質問者　〝3番目の螺旋〟の意味をお訊ねしたかったのですが、お答えが長くなるようであれば、ただ、私たちが媒体をもっと楽な状態にしてあげるために、あるいはこの交信を向上させるために、できることがあれば教えていただければと思います。

ラー　私はラー。簡単なお答えになるかもしれません。ご希望であれば、別のセッションでもっと具体的に質問してください。

ろうそくの炎をイメージしていただくと、三番目の螺旋が見えてくるかもしれません。

この媒体はよくバランスがとれています。室内装備品の位置合わせも良好です。あなたがたは良心的です。

私はラー。友よ、私は一**なる無限の創造主**の愛と光にあなたがたをゆだねます。ですから、一**なる無限の創造主**のパワー、そして平和のもとで嬉々として前進してください。アドナイ。

session《セッション》 59

June 25, 1981

ラー　私はラー。一なる無限の創造主の愛と光のなかから親愛のごあいさつを送ります。私たちは今から交信します。

質問者　最初に媒体の状態と、彼女がこれほど疲労困憊してしまう理由を教えていただけますでしょうか？

ラー　私はラー。この媒体の状態は前に述べたとおりです。質問の後半については、あなたの自由意志を侵害することになるためお教えできません。

質問者　（個人名）がベッドの反対側に座るようにしたら、媒体の保護の強化に有益でしょうか？

ラー　私はラー。いいえ。

質問者　二番目の主要な周期の終わりに地球上にいた人間はわずか数十万人でした。しかし現在の地球には、40億以上の人々がいます。いま地球に転生している人々は、当時は転生していなかったのでしょうか？　あるいはこの二万五〇〇〇年の間にどこか別の場所からやって来たのでしょうか？

ラー　私はラー。それらの人々の起源には三つの基本的な区分があります。

第一の区分は、マルデックと呼ばれる惑星球体から来た人々です。彼／彼女らは第三密度にあらためて取り組むことが可能になり、自分たちに課していた形態の制限から徐々に解放されつつあったのです。

第二の区分は、別の第三密度の入口にいて、振動パターンが地球体験の連結体に一致していたため、そこから転生プロセスのフィルターを通って入ってきたいわゆる新参者たちです。

第三の区分は、多数の**ワンダラー**たちで、この約二百年の間にやって来ています。収穫のプロセスとそれがもたらす状況により、現在、考えうる転生の機会が彼／彼女らによってもれなく利用されていることを指摘しておきます。

質問者　念のために伺っておきたいのですが、この七万五千年間の初頭に、大体どれくらいの数の心／身体／霊複合体が地球に移されたのか教えていただけますか？

ラー　私はラー。あなたの言うところの移動は、すこしずつ進められました。二〇億以上の魂が、**マルデック**からの移行を成し遂げた魂です。

そして創造世界のあらゆる部分から、さまざまな時期に、約一九億の魂がこの体験に参入しています。のこりは、この球体で最初の二つの周期を経験した人たちや、ある時点で**ワンダラー**として入って来た人たちです。**ワンダラー**の中には何千年も前からこの球体にいる人もいれば、もっとずっと後になってから来た人もいます。

質問者　さて、私は**ピラミッド型の中の三つの光の螺旋**を理解しようとしています。それで、それぞれの螺旋について質問させていただきたいと思います。

最初の螺旋は、**女王の間**の下方で始まり**女王の間**で終わる、というので正しいですか？

ラー　私はラー。正しくありません。上向き螺旋をえがく光の最初の概念は〝掬いあげ〟というもので、光エネルギーはピラミッド型の引力によって底面／基部をとおって掬いあげられます。そのときの最初の形状は半螺旋です。

質問者　これは浴槽から排水するときの渦に似ていますか？

ラー　私はラー。あなたの推測で正しいですが、その作用の原因が重力であるのに対し、ピラミッドの上向き螺旋状の光の渦は、その形状に起因する電磁場によって引き寄せられるものです。

質問者　そして、この半螺旋のつぎの最初の螺旋が、学びと癒しに使われる螺旋です。**女王の間**の位置に対して、この最初の螺旋はどこから始まり、どこで終わるのですか？

ラー　私はラー。学びや癒しに使われる螺旋は、あなたがたの地球や宇宙のリズムに応じて、**女王の間**の位置か、あるいはその少し下の位置から始まります。それは、**王の間**の位置をはっきりした線をえがいて移動し、ピラミッドの高さの上部三分の一ほどのところの、エネルギーが強まっているかのように見える地点で終わります。

質問者　一番目の螺旋は、二番目と三番目の螺旋とは使途も性質も異なるため、明らかにどこか違っていると思います。そして二番目の螺旋は、一番目の螺旋の終わりから始まり、頂点に向かうというので正しいですか？

ラー　私はラー。部分的には正しいです。この大きな螺旋はピラミッドの頂点の渦の中に引き込まれます。

ただし、スペクトルの赤色の端の性質がより強い光エネルギーはふたたび螺旋状になってエネルギーの膨大な強化と集中を引き起こし、構築に利用されます。

質問者　そして、三番目の螺旋はピラミッドの上部から放射されるというので正しいでしょうか？

ラー　私はラー。三番目の完全な螺旋はそのように動作しますから、それで正しいです。基礎の半螺旋はしっかり考慮に入れておく必要があります。なぜならそれは、それに続く三つの上昇螺旋状の光の影響をうける可能性のあるすべてのものにプラーナを供給するからです。

質問者　私は今、このプロセスで起こることを理解しようとしています。最初の半螺旋を〇《ゼロ》、そして他の三つの螺旋をそれぞれ一、二、三とさせてください。最初の螺旋は癒しと学びの螺旋です。〇の位置から最初の螺旋までの間に、光にどんな変化が起こった結果、その螺旋は癒しに使えるようになるのでしょうか？

ラー　私はラー。ピラミッド型によって掬いあげられたプラーナは、エネルギーの方向に一貫性を獲得します。〝上向きの（螺旋状の光）〟という用語は、あなたがたの上下の概念をいうのではなく、愛と光の源に向かう（螺旋状の光）という概念を表しています。

このように、すべての光やプラーナは上向きに螺旋をえがいていますが、その方向については、あなたがこの用語を解釈しているようには、統制はなされておらず、仕事には役立ちません。

質問者　ならば、宇宙空間のあらゆる地点から、光は私たちの幻影の中で360度の立体角で外向きに放射されており、ピラミッドのこの〝掬いあげる〟形状が、集束メカニズムとしてその放射に一貫性をもたらすと考えますが、それで正しいですか？

ラー　私はラー。まさにそのとおりです。

質問者　そうしますと、一番目の螺旋は、いわゆる凝集力において二番目の螺旋と異なるのかもしれません。この一番目の螺旋と二番目の螺旋の違いは何でしょう？

ラー　私はラー。〇の位置と呼ばれるところに流し込まれた光は転換点に至ります。そのとき光は圧縮され、その一貫性とまとまりは飛躍的に高まります。

質問者　それでは二番目の螺旋が始まるときは、この一貫性とまとまりは、またさらに倍増しているのでしょうか？　そこにはただ倍増効果か増加効果があるのでしょうか？

ラー　私はラー。これをあなたがたの言語で論じるのは困難です。そこでは倍増効果ではなく、次元の境界を超える変換がなされ、〝空間／時間―時間／空間〟の立体配置で使用していた人々のために働いていた光は、次元を超えた〝時間／空間―空間／時間〟の立体配置と言えるところで働く光になるのです。これは、螺旋状エネルギーの見かけ上の拡散と弱まりを引き起こしますが、あなたが二の位置と呼ぶところでは、次元を超えて多くの仕事が行なわれる可能性があるのです。

質問者　ギザのピラミッドでは、二の位置には部屋がありませんでした。あなたがたは他の惑星やピラミッドにおいて、その位置に部屋をもうけて活用することはありますか？

ラー　私はラー。この位置を有効利用できるのは、このタイプの集中螺旋の伝導体となる能力がある人に限られます。第三密度の人／存在にそのような訓練を行おうとはだれも思わないでしょう。

質問者　そして、ピラミッドの頂点から放射されるという三番目の螺旋ですが、それはエネルギーを与えるために使用されます。〝エネルギーを与える〟とは、どういう意味なのか教えていただけますか？

ラー　私はラー。三番目の螺旋は、方向づけされたプラーナのポジティブな効果に満ち満ちており、このような形状の上に置かれたものは、電磁場を活性化させる衝撃を受けることになります。これは、心的構成と身体的構成の第三密度での適用においてかなり刺激的なものになり得ますが、このような衝撃も長時間に及んだ場合、人／存在の精神をそこなう可能性があります。

質問者　ピラミッド型には、これまで論じてきた螺旋以外にも何か効果がありますか？

ラー　私はラー。いくつかありますが、その使途は限られています。共鳴室の位置は、達人が自己と向き合う能力を試すことに使われます。これはメンタルテストの一種ですが、強力でかなりの危険を伴います。

ピラミッド型の外殻には光エネルギーの小さな渦が含まれており、有能で結晶化された存在の手にかかれば、物質的な身体に影響を与える不可視の諸体の癒しにかかわる、さまざまな精妙な働きかけに役立ちます。

ほかにも、完璧な睡眠が得られ、年齢が逆戻りする場所もありますが、これらの性質は重要ではありません。

質問者　年齢が逆戻りする場所とは、どんな場所なのでしょうか？

ラー　私はラー。**女王の間**の位置の上下約。5から。10で、ピラミッドの四角錐の各面のそばある卵型の領域で、**女王の間**の位置に至る道のりの約四分の一まで立体的に広がっています。

質問者　つまり、ピラミッドの壁から中に入って、中心に向かって四分の一、中心からはまだ四分の三ほど距離がある地点まで行き、女王の間の底面よりやや上の高さにいれば、その位置が見つかるということでしょうか？

ラー　私はラー。ほぼそういうことです。ピラミッドの平らな側面と、上下に伸びる**女王の間**に向かって半分ずつ一様に広がるしずく型をイメージしてください。これは光が螺旋に掬いあげられ、ふたたび広がってゆく場所と見なすことができ、プラーナ真空と呼ぶことも可能です。

質問者　それがなぜ老化をはばむのですか？

ラー　私はラー。老化というのは、さまざまな電磁場が心／身体／霊複合体の電磁場に及ぼす影響のことです。この場所では、そうした場へのインプットも妨害もなければ、心／身体／霊複合体の電磁場複合体内で影響力を行使できる活動もありません。真空は、そうした妨害を吸い取ってしまうのです。そのため人／存在は何も感じることのない、宙ぶらりんの状態になります。

質問者　私たちの庭に造られたピラミッド型は適切に機能していますか？　配置も構築も正しくなされていますか？

ラー　私はラー。完璧ではありませんが良好な許容範囲内で造られています。しかしそこから最大の効果を得るためには、配置をこの憩いの場のようにする必要があります。

質問者　それは底辺の一つを、北の20°東にそろえる必要があるということでしょうか？

ラー　私はラー。そうした調整は効果的です。

質問者　以前、〝底辺の一つを磁北に向けるメリット〟に言及されたことがありました。磁北に向けるのと、磁北の20°東に向けるのとではどちらが好いのでしょうか？

ラー　私はラー。それはあなたの判断によります。この球体にいるあなたがたにとって現時点で適切な配置は磁北です。しかし今回の質問は、エネルギー渦がいわゆる真の緑色により調和している特定の人／存在たちが使用している構造について具体的に尋ねています。その場合は北の20°東が好いでしょう。

どちらの方角にも利点があります。磁北のほうが効果がより強く、はっきりと感じられます。現時点では遠くてもやがて重要になる方角から来るエネルギーのほうが、弱いとはいえより有益です。

選ぶのはあなたです。それは瞑想における量と質、あるいは広帯域と狭帯域の支援の、どちらを選ぶかということです。

質問者　惑星軸が再調整されるとき、それは緑色の振動に一致するように北の20°東に調整されるのでしょうか？

ラー　私はラー。この人／存在（媒体）は、あなたが身体複合体の痛みと呼ぶものに向かうゆがみを急速に増大させているため、これが最後の質問になるかと思います。

そのようなことが起こる可能性を示すあらゆる兆候があります。確実なことは言えませんが、より粗くより密度の低い物質は、あなたがたの**ロゴス**に体験の領域での進展を促す、より密度が高くより軽いエネルギーに一致するよう引き寄せられることを私たちは認識しています。

この時点で、簡単な質問であればお答えすることができます。

質問者　私たちが媒体をもっと心地よい状態にしてあげるために、あるいはこの交信を向上させるために何かできることがあれば教えてください。

ラー　私はラー。すべてが順調です。現在あなたがたが困難な状況にあることは承知しています。ですがそれはあなたがたに良心や献身が不足しているからではありません。

私はラー。私は**一なる無限の創造主**の愛と光にあなたがたをゆだねます。ですから、**一なる無限の創造主**のパワー、そして平和のもとで嬉々として前進してください。アドナイ。

{session 60《セッション》}

July 1, 1981

ラー　私はラー。**一なる無限の創造主**の愛と光のなかから親愛のごあいさつを送ります。私たちは今から交信します。

質問者　前回のセッションで、ピラミッドの頂点から〝電磁場を活性化させる衝撃〟が来るとおっしゃいましたが、それらは連続的にではなく、間隔をおいて来るのでしょうか？

ラー　私はラー。この電磁場を活性化させる衝撃はランダムな間隔で発生しますが、正しく機能しているピラミッド型では、その間隔はかなり接近しています。次元のゆがんだピラミッド型ではエネルギーの規則的あるいは量子的な放出は起こりません。こう申し上げるほうが、私たちの意味するところが理解しやすいかもしれません。

質問者　つぎに述べることは、私がピラミッド・エネルギーを研究する上で啓発につながるかもしれないし、つながらないかもしれないのですが、いわゆるバミューダ・トライアングルの影響は、海底にある大きなピラミッドがこの三番目の螺旋をランダムな間隔で断続的に放っていることが原因なのではないかと。そしてその付近にいる存在たちや宇宙船が何らかの方法でそれらの空間／時間連続体を変化させている可能性を考えるのですが、それで正しいですか？

ラー　私はラー。はい。

質問者　それではこの三番目の螺旋には、充分な強さがあれば、実際に空間／時間の連続体を変化させうるエネルギー効果があることになります。このような変化に用途や価値はあるのでしょうか？

ラー　私はラー。第五密度以上の存在であれば、この特定のエネルギーを利用して、情報や愛や光を、あなたがたにとっては膨大である距離を超えて伝えることができますが、それはこのエネルギーによる次元を超えた飛躍と見なされるかもしれません。また、このエネルギー形態を利用した移動も可能です。

質問者　その移動は、主として第六密度の存在が使用する瞬間移動的なタイプでしょうか、それともあなたが言及されたスリングショット効果によるものでしょうか？

ラー　私はラー。私たちが話しているのは前者による効果です。人／存在における人格のいわゆる理解や陶冶がすすむと、プラーナのそうしたそれぞれの構成は、この形状（ピラミッド型）の助けがなくとも利用できることを指摘しておきます。ギザのピラミッドは〝形而上学的な補助ぐるま〟と見なすこともできるでしょう。

質問者　それでは、フロリダ沖の大きな海底ピラミッドは、ラーが構築したバランスをとるピラミッドの一つなのでしょうか、それとも別の社会的記憶複合体が構築したものなのでしょうか？　もし後者であるとしたら、どの社会的記憶複合体でしょうか？

ラー　私はラー。あなたの言うピラミッドは、私たちが古代エジプト人と呼ばれる人々と共働していた以前から、アトランティス人と共働していた第六密度のとある社会的記憶複合体の存在たちの支援のもとに構築されたものです。

質問者　あなたがたはエジプト人以外にも、別のグループと共働したことがあるとおっしゃいました。それはどういう人たちだったのですか？

ラー　私はラー。それは南アメリカ大陸の人／存在たちでした。私たちはそれら二つの文化のなかで活動するために、自分たちの力の配分を行いました。

質問者　ピラミッド型は、当時はあなたがたの社会的記憶複合体が霊的発達のための身体的訓練の補助具として、もっとも重要視していたものと理解しています。しかし、私たちの惑星の進化における現時点では、あなたがたはピラミッド型にほとんど、あるいはまったく重きをおいていないように思われますが、それで正しいですか？

ラー　私はラー。それで正しいです。この形状が使われたゆえにあなたがたの諸民族の思考や一部の人／存在たちの活動に生じたゆがみを取り除く試みは、私たちの栄誉であり、義務でもあります。私たちはこのような形状の有効性を否定するものでも、その有効性の一般的趣旨を差し控えるものでもありません。しかし、数千年前の私たちの愚直な信念に反して、〝イニシエーションに最適な形状は存在しない〟という私たちの認識を、限定的ではありますがここに提示させていただきます。そしてこの点について、さらなる説明をさせていただければと思います。

私たちは第三密度を体験していた時代に第六密度の存在たちに助けられ、しんから好戦的でない私たちは、その教えが有益であることを見出しました。第三密度の私たちは素朴で、あなたがたのような交易システムや貨幣制度と権力との関係を発達させていませんでした。じっさい私たちはあなたがたよりも哲学的な第三密度の惑星におり、極性の選択は、いわゆる性的エネルギーの移動／伝達や、自己と他の自己との適切な関係についての理解を軸になされていたのです。

私たちは自分たちの空間／時間のかなりの部分を、顕在化されていない存在と共働することについやしました。そのさほど複雑でない環境でこの学び／教えの装置を持つことはたいへん有益で、私たちはあなたがたの諸民族の間に生じたようなゆがみを体験することなくそうした装置の恩恵を受けることができたのです。

私たちはこのあたりの差異を**創造の大いなる記録**に綿密に記録しましたので、金輪際あのような愚直さが取り沙汰されることはないでしょう。

この空間／時間においては、瞑想用ピラミッドをはじめ丸みを帯びたアーチ型や先の尖った円錐形はたしかにあなたがたの瞑想を助けます。しかし、私たちはこの意見があなたがたの役に立つと考える一方で、私たちの観察するところでは、この空間／時間連結体において、あなたがたの惑星の人々のあいだで、顕在化されていない存在に及ぼす影響の複雑さゆえに、心／身体／霊複合体の進歩は、あなたがたの言うところの訓練補助具なしで起こるのが最善であると思われます。というのも、そうした補助具を使用すると、学び／教えの加速が起こり、それに対する**責任の法則**を当人みずから引き受けることになるからです。こうしたより深い理解（この表現が許されるのであれば）が人／存在の時々刻々の体験で活かされなければ訓練補助具の有効性はネガティブなものになってしまうでしょう。

質問者　ありがとうございました。
つぎの質問は有益な情報につながるかどうかわからないのですが、お訊ねする必要性を感じています。**契約の箱**とはどういうもので、どのような用途があったのでしょうか？

ラー　私はラー。**契約の箱**は、**モイシェ**と呼ばれた者の理解によれば、もっとも神聖なるものが収められた場所でした。そこに収められたものは、あなたがたの諸民族によって〝**十戒**が記された二枚の銘板〟と呼ばれてきましたが、実際は二枚の銘板ではなく、一本の巻物になった文書でした。その巻物は、さまざまな人／存在たちによってたいそう入念にしたためられた〝**一なる創造主**による創造〟に関する信仰書とともに収められていました。

この箱は、同胞への奉仕願望というゆがみを持つ、いわゆる神官たちがそこからパワーを引き出したり、**一なる創造主**の存在を感じることのできる場を構成するように設計されました。しかしこのすべての手はずは、**惑星連合**に**ヤハウェ**として知られるものではなく、正しくは、エリートの輩出につながるこうした方法を好む**レビの息子たち**と呼ばれるネガティブな存在によってなされたことに留意する必要があります。

質問者　**では、それは通信のための装置だったのでしょうか？　そこからパワーを引き出していたとのことですが、それはどのようなパワーで、どのように作用するものだったのでしょうか？**

ラー　私はラー。それは電磁場を与えられた構築素材によって電荷を帯びていました。このようにして、それはパワー源／権威の対象となりましたが、信仰が不正や分断によって損なわれていない人たちにとっては、ネガティブ性を意図して考案されたこのパワーはポジティブなものに変わりました。そしてそれは今日に至るまで、真の奉仕を身をもって調和裡に認識している人たちにとってポジティブなものでありつづけています。このように、ネガティブな勢力も部分的には成功を収めたとはいえ、ポジティブな方向性を有した**モイシェ**と呼ばれた人／存在は、あなたがたの惑星の人々に、完全にポジティブである**一なる無限の創造主**に至る道の存在を知らしめたのです。

これはあなたがたの伝統的宗教体系に共通して言えることですが、それらはどれも方向性において多少ばらつきが見られるものの、純粋な探求者であれば見きわめることのできる、**一なる創造主**への純粋な道を提示しています。

質問者　**契約の箱**は今、どこにあるのでしょう？　位置を示していただくことはできますか？

ラー　私はラー。それは今も存在していますが、私たちが場所を特定することはあなたがたの諸民族を侵害することになります。**契約の箱**はそのためのものではないため、この質問への回答は差し控えます。

質問者　創造のエネルギーについて考えていて、地球が第三密度から第四密度に移行するときに、なぜ使用できない熱が発生するのかを理解できていないのに気づきました。その理由が第三密度と第四密度の振動間の不調和に関係していることはわかるのですが、なぜそれが地球内部の物理的な発熱として現われるのかがわかりません。それについて教えていただけますでしょうか？

ラー　私はラー。こうした概念はあなたがたの言語では理解しづらいものですが、私たちはこの題材を論じてみようと思います。人／存在は自分が置かれた状況に調和していないと、自分の内側が燃えるような感覚をおぼえます。身体的乗りものの温度はまだ上昇しておらず、私たちなりにこの不調和を描写するとすれば、ただ怒りや悲しみの熱だけが昇温するのです。しかし、人／存在がこの感情的な熱や不調和を感じている状態があなたがたの空間／時間で長期間持続すると、その身体複合体の全体がこの不調和に共振しはじめ、やがてその不調和はいわゆる健康であった状態から、がんやその他の変性疾患的ゆがみとして現われることになります。

人類と文化を宿す惑星システム全体が大規模な不調和をくり返すとき、そこに住むものたちの足下にある惑星はその不調和に共振しはじめます。あなたがたの心／身体／霊複合体の身体複合体の主要機能は生長と維持であるため、身体という乗りものの性質上、不調和は生長の阻害や制御不能な生長として現れてきますが、あなたがたの惑星では、その目的は軌道を維持し、他の宇宙的影響に対して適切な位置や向きを示すことであり、そのために球体内部が物理的に高温になるのです。つまり、制御不能な生長のかわりに、制御不能な熱とその拡大した結果を体験するようになるのです。

質問者　**地球は片側の地表から、その反対側の地表までずっと個体なのでしょうか？**

ラー　私はラー。あなたがたの球体には蜂の巣構造《ハニカム》のような性質があると言えるかもしれません。しかし中心部は、熔解状態をそう呼ぶのを憚らないのであれば、個体であると言えます。

質問者　蜂の巣《ハニカム》領域には第三密度の存在が住んでいるのでしょうか？　住んでいるとみて正しいですか？

ラー　私はラー。かつてそれで正しかった時分もありましたが、現在の空間／時間では正しくありません。

質問者　**それらの領域には、身体的に転生してそこで生きるもの以外にも、ときどき地表に出て物質化するような内なる文明や人／存在はありますか？**

ラー　私はラー。以前に述べたように、そのような存在もあります。さらに、この惑星の内なる次元の存在のなかには、その領域で可視の第三密度への物質化を好んで行うものもあります。それらの領域には、他所から来た存在たちのいわゆる基地もあります。ポジティブなものもネガティブなものもあります。うち捨てられた都市もあります。

質問者　**他所から来た存在たちは、そうした基地を何に使うのですか？**

ラー　私はラー。それらの基地は、第三密度の人／存在たちとの交信に必要な装置を物質化する作業や、小型宇宙船と呼ばれる機器の格納庫として使用されます。人／存在たちから要請があった場合は、監視目的にも使用されます。

このように、**惑星連合**の教師とも呼びうる存在たちの一部は、コンピュータ・ラインに沿ったそうした監視装置を通して辛《から》くも話をしていますが、情報が必要とされ、それを要請する人たちが適切な振動／波動レベルにある場合は、**惑星連合**の存在そのものが語ります。

質問者　それでは**惑星連合**の存在は、情報を要請する第三密度に転生している人／存在と交信するためには、通信機器や宇宙船を必要とすると理解してよろしいでしょうか？

ラー　私はラー。それは正しくありません。しかしあなたがたの多くは、同じ初歩的な情報を途方もない頻度でくり返し要求してきます。社会的記憶複合体が〝瞑想の重要性〟を際限なく語りつづけることは、そのような社会的記憶複合体の力量の大幅な浪費につながります。

そのため**土星評議会**の承認を得て、ニーズが単純な人々のためにメッセージの伝え手を置き、維持している存在もいます。そうすることにより、すでに瞑想を励行して知識を吸収していて、そのうえでさらなる情報を受け取る用意ができている人たちのために、**惑星連合**のメンバーの力量が取り置かれているのです。

質問者　この三〇年の間に多くの情報と多くの混乱がもたらされました。じっさい霊的触媒となる情報を要請しているグループに提供するために、**混乱の法則**が無茶なノルマを課されています。今のは、ちょっとした冗談ですが。そして、ポジティブとネガティブ両陣営の社会的記憶複合体が、こうした情報を可能なかぎり膨らませてきたことは明らかであり、それは多くの場合、情報に対する人々の無関心につながっています。また、こうした情報の中には霊的エントロピーと呼びうるものが存在し、真面目に探求する多くの人たちが邪魔立てされています。これらの問題を軽減するためのメカニズムについてコメントしていただけますか？

ラー　私はラー。コメントすることは可能です。

質問者　それを重要と見なされた場合にのみ、コメントをお願いします。重要でないと判断された場合は飛ばします。

ラー　私はラー。この情報は、現時点での私たちの使命に関わるものであるため、それなりに重要です。

惑星連合に属する私たちは、あなたがの惑星の人々からの呼びかけに応じます。その呼びかけが誠実なものであっても、霊的進化を促すいわゆるシステムに対する意識がかなり低いものである場合は、その特定の呼びかけ手に役立つ情報だけを提供することがあります。このあたりが本質的に難しいところです。人／存在たちは**原初の思考**に関する初歩的な情報と、**原初の思考**を得るための手段を受け取ります。その手段こそ、瞑想と他者への奉仕にほかならないのです。

私たちは**惑星連合**のメンバーとして、ポジティブな方向性をもつ人／存在たちのために情報を発信していることをどうか忘れずにいてください。オリオン・グループも私たちとまったく同じ困難を抱えていると思います。

このごく初歩的な情報は、人々に受信されても彼／彼女らの心や人生経験の中でついぞ実践されることなく、居場所がさだまらず無造作にうちころがる積み木さながらに、心複合体のゆがみの中でただカタカタ音を立てています。しかしそれでもなお人々は呼びかけてきますので、けっきょく同じ初歩的情報がくり返されることになるのです。そして最終的に人々は、同じ情報のくり返しにうんざりしてきます。しかし、呼びかけた人／存在が提供された情報を実行に移してさえいれば、必要があっての場合以外でくり返しが見つかることはまずないはずなのです。

質問者　ありがとうございました。

身体のエネルギー中枢であるチャクラは、ピラミッドのエネルギーの漏斗と関係がありますか、またそれと同じように機能しますか？

ラー　私はラー。いいえ。

質問者　**ミイラ作りには、埋葬のための遺体処置以外の目的があったのでしょうか？**

ラー　私はラー。ピラミッド建造に際しての私たちの意図がゆがめられたことについてお話ししたいのはやまやまですが、私たちはほとんど何も語ることができません。というのも、ミイラ作りの目的にはいろいろな要素が混在しており、多くの人がポジティブに捉えてはいたものの、その使途はポジティブでない世代の慣例に則したものであったからです。この題材については、あなたがたの惑星のポジティブとネガティブの両勢力の間の基本的なエネルギーバランスを侵害せずに論じることができません。しかし、当時わが身を提供した人たちについては、自分自身を他者への奉仕に捧げるものと信じていた可能性があります。

質問者　ラーが第三密度にいたときに、ピラミッド型を使ってラーを支援したのは何という文明ですか?

ラー　私はラー。あなたがたはラベル付けがお好きですね。それらの存在はすでに創造主に戻る旅を始めており、もはや時間を体験していません。

質問者　つぎはこの媒体からの質問です。
ペンデュラムを使ってエネルギー中枢を見つけようとすると、円運動ではなく前後運動が起こる場合があります。それは何を意味しているのでしょうか?

ラー　私はラー。この人/存在は、まだ私たちにエネルギーを提供してくれていますが、痛みに向かうゆがみを体験しているため、これを最後の質問にする必要があります。

回転運動についてはすでに論じていますので簡単なお答えになりますが、弱い前後の動きは、完全な閉塞ではなく部分的な閉塞を表しています。強い前後の動きは、閉塞の逆で、身体や心《マインド》複合体の活動における何らかの困難のバランスをとろうとして生じる、チャクラつまりエネルギー中枢の刺激過多を表しています。これはバランスがとれていない状態ですから、人/存在にとって好いものではありません。

私たちがこの媒体から離れる前に、簡単な質問でしたらお答えします。

質問者　私たちが媒体をもっと楽な状態にしてあげるために、あるいはこの交信を向上させるために何かできることがあれば教えてください。

ラー　私はラー。友よ、晴れやかな気分でいてください。すべては順調であり、あなたがたの良心的姿勢は称賛に値します。私たちは**一なる無限の創造主**の愛と光にあなたがたをゆだねます。ですから、**一なる無限の創造主**の平和、そして栄光のもとで嬉々として前進してください。私はラー。アドナイ。

session《セッション》 61

July 8, 1981

ラー　私はラー。友よ、私は**一なる無限の創造主**の愛と光のなかから親愛のごあいさつを送ります。私たちは今から交信します。

質問者　**媒体の状態について教えていただけますでしょうか？**

ラー　私はラー。この媒体の生命エネルギーは向上しています。ですが、この空間／時間においては身体複合体のゆがみがかなり顕著であるため、身体複合体のエネルギーは減少しています。

質問者　体調をととのえるために、特に媒体自身にできることはありますか？

ラー　私はラー。この媒体には、身体的ゆがみに影響をあたえる二つの要素があります。これは、振動的古参序列によって振動的意識複合体がすでに緑色光線のレベルに達しているすべての人たちに共通して言えることです。

一つめの要素は、周期ごとに予測可能なかたちで変化する所与のエネルギー流入です。この特定の人／存在にとって、この空間／時間連結体の周期複合体は身体的なエネルギーレベルに好ましいものではありません。

二つめの要素は、特にプログラムされた課題と一般的な愛の課題を学ぶために提供された触媒を使う際の、心的効率の度合いと呼ばれるものです。

この媒体は一部の人／存在とことなり、今回の転生以前の身体条件をも利用しているため、さらなるゆがみがあるのです。

質問者　〝エネルギーの周期的な流入〟とはどういう意味なのか、詳述していただけますか？

ラー　私はラー。転生する瞬間に与えられる周期には四つのタイプがあります。それに加えて、より宇宙的でより規則性の低い流入があり、それらが時おり感受性の増した心／身体／霊複合体に影響を与えます。この四つのリズムはあなたがたの諸民族の間である程度知られており、バイオリズム※と呼ばれています。

※　**バイオリズム**　生命体の機能や行動、感情、知性などが持つ一定のリズム。およびそれを図示したグラフ。

達人または霊（スピリット）の魔法の入口《ゲートウェイ》の周期と呼びうる四番目の周期がありますが、この周期はあなたがたの約18概日周期（ほぼ18日）で完了します。

宇宙のパターンもまた、転生に入った瞬間の機能であり、あなたがたが月と呼ぶ衛星、この銀河系の惑星、この銀河系の太陽、そして場合によっては銀河系のエネルギーの流れの主要なポイントからの流入と関係があります。

質問者　**媒体のためにそれらの周期をプロットし、周期に関してもっとも有利な時点でセッションを行うことには意義はありますか？**

ラー　私はラー。その特定の質問にはお答えできません。

ラーというこのエネルギーパターンは、この三人組の三人で迎え入れていることを意識する必要があります。ですから、三人のそれぞれのエネルギー・インプットはどれも重要なのです。

これらの情報体系は興味深いものではありますが、関与する人／存在や集団が、触媒を効率よく使い切れていない場合にのみ影響を与えうるものと言えるでしょう。そして彼／彼女らはそうした状況下では、いわゆるネガティブな、または後退的な瞬間や期間をいたずらに受け入れるのではなく、未使用の触媒をうまく使い切るために、そうした（情報体系という）ゆがみを保持する方向にゆがむのです。

この媒体へのサイキック攻撃が続いています。その影響は、現時点では不快感に向かう身体的ゆがみにとどまっているとはいえ、注意が必要です。

周期や、惑星やその他の宇宙的な影響の両方に関する道路地図《ロードマップ》を調べることは、特定の広い道路や可能性が見つかる可能性があるという点で、常になにかしら興味深いものかもしれません。しかし、このグループは一つのユニットであることを忘れないでください。

質問者　それでは、媒体に対するサイキック攻撃の影響を軽減し、交信の機会を最大限に活かすために、私たちがユニットとしてできることはありますか？

ラー　私はラー。私たちは、何がこの特定の心／身体／霊複合体の助けになるかについてすでにあなたがたにお話ししており、それ以上お話しすることはできません。この空間／時間連結体におけるこの特定の第三密度の幻影にあって、あなたがたはそれぞれが相互にみごとに調和しているというのが、私たちの謙虚な意見です。

質問者　ヒーリングの練習《エクササイズ》について質問させていただきます。一つめの質問ですが、身体に関するヒーリングの練習において、身体の自然な機能を使う際の、愛と英知のバランスに関わる身体的修練とはどういう意味なのでしょうか？

ラー　私はラー。この媒体の転送エネルギーの使用状況を考慮して、いつもより手短にお話しします。もし私たちの回答が充分でなければ、さらに質問してください。

身体複合体には、自然な機能が備わっています。それらの多くは顕在化していない自己に関連しており、通常はバランスをとる必要はありません。自然な機能には、他の自己が関わってくるものもあります。その中には、触れること、愛すること、性生活、そして孤独に対処するため他人の同伴を切望することがあります。このタイプの孤独は身体の自然な機能であり、心／感情複合体の孤独や霊的な孤独とは別物です。

こうした自然な機能が日常生活で観察されたときは、それらを実際に使う際の〝自己への愛と他者への愛〟と〝英知（分別）〟をならべ、吟味することができます。このバランス調整の過程において、あなたがた諸民族のほとんどの人々に、検討すべき多くの夢想や迷妄があります。

同様にバランス調整が必要になるのは、他の自己に関わるそれらの自然な機能の必要性からの脱却です。他方では、過剰なまでの愛があります。それが自己への愛なのか、他者への愛なのか、それともその両方なのかを見きわめる必要があるのです。かたや英知（分別）への過度な偏りもありえます。

身体複合体を熟知することにより、それを味方となるバランスのとれたツールとして明確に使用できるようになります。なぜならどの身体機能も、他の自己とのより高次ないわばエネルギー複合体として使うことができるからです。どのような行動であれ、重要なバランス調整とは、つまりこのレベルでの他の自己との相互作用を理解することであり、そうすることで、そのバランスが愛／英知であれ、英知／愛であれ、他の自己がバランスのとれた構成で自己に見えてくるため、自己は捉われなく、さらなる仕事にかかれるのです。

質問者　**それでは、二つめの質問です。感情が、身体の一部や感覚にどのように影響するかを例をあげて示していただけますか？**

ラー　私はラー。しかるべき古参序列にある人／存在はそれぞれが独自のプログラミングを有しているため、こうしたメカニズムについて一様に述べることはほぼ不可能です。さほど意識の高くない人では、心的傾向が生じるまで**高次自己**《ハイアーセルフ》が触媒を生成しつづけるため、そうしたつながりは往々にしてランダムに見えると思われます。一方、プログラムを有した個人では、その感性ははるかに活性化されており、先に述べたとおり、心と霊で使い切れなかった触媒は身体に与えられます。

たとえば、この人／存在（媒体）にみられる腕や手のしびれからは、彼女が生命／人生の制御《コントロール》を失うことに屈していないのがわかります。それゆえこのドラマは身体的なゆがみ複合体において演じられています。

この質問者の場合は、重荷を負いたくないという思いが、背負うための筋肉の痛みという身体症状として現われているかに思われます。事実、背負うべくしてあるのは転生前からの責任であり、かなり面倒なものに見受けられます。

この筆記者の場合は、心、感情、霊のレベルの未知のゆがみ複合体の相当量の流入に対する感知能力を高めるよう計画された触媒を使用していないため、疲労感やしびれがみられます。そうした感覚がより高次の、感受性の高い諸複合体から退けば、身体複合体のゆがみも消えてゆきます。このことは他の例にも当てはまります。

しかし現時点では、あなたがたの次元レベルにおいて触媒をそのように効率的に使い切れることはめったにありません。

質問者　第一のゆがみである**混乱の法則**という点で、あなたがたはどうしてこうした情報を提供できるのか教えていただけますか？

ラー　私はラー。あなたがたはそれぞれがすでにこうした情報を認識しているのです。たとえ事例の出処に関心のない読者の方の場合でも、こうした議論から意味の核心を引き出せることがあるのです。一人ひとりがこれらの回答を充分認識していなければ、私たちは話すことができていません。

あなたの質問の多くが、情報というよりむしろ確認を求めているのは興味深いことです。私たちはそのことを好ましく思っています。

質問者　このことから、身体的な転生の目的が見えてくるのではと思うのです。それは、問題解決や理解について、証拠や証拠らしきものが何もないまったき自由な立場で、独自の思考プロセスを通して得心している状態／在り方に至ることです。証拠という言葉自体とても貧弱です。私の発想を膨らませていただけますか？

ラー　私はラー。あなたの意見は雄弁ですが、主観的に〝知っている状態〟から表現される自由と、主観的に受け入れている状態から表現される自由との関連において、いささか混乱しています。この二つには大きな違いがあります。

この次元は、触媒をつくり出すありとあらゆる状況に影響をあたえる宇宙的流入や、その他の流入のあらましが欠如しているため、主観的にでさえ〝知っている状態〟の次元ではありません。今のあるがままを主観的に受け入れ、その瞬間に愛を見出すことが、より大きな自由なのです。

確証のない主観的〝知識〟として知られていることがらは、ある意味ふるわない友人であり、どれだけ多くの情報が得られても、第三密度を形成するゆがみゆえの矛盾が見つかります。

質問者　三つめの質問をお訊ねします。身体的な極性の例をあげていただけますか？

ラー　私はラー。身体の中には、顕在化していない存在のさまざまな体のエネルギー中枢のバランスに関連する、多くの極性があります。それらの極性を探求することは、癒しのワークに取り組むうえで好いことです。

人／存在は誰しも、それぞれが他の自己の潜在的な極性化された部分であるのは言うまでもありません。

質問者 では、最後の質問です。身体のすべての感覚のバランスをとるためにうってつけの修業《エクササイズ》は、瞑想や沈思黙考のような、ある種の不活動であると思われますが、それで正しいですか？

ラー 私はラー。それは大きく間違っています。バランスをとる作業には瞑想状態になることも必要です。しかし感覚のバランスをとる際は、とりわけ愛と英知、またはポジティブとネガティブの間の偏りの点から感覚を分析する必要があります。そしてバランスのとれた感覚に欠けているものは、何であれ、すべてのバランス調整と同様に、感覚を圧倒するほど詳細に記憶され、想起されてはじめて存在することが可能になるのです。

質問者 室内の装備品などは、媒体に対してどうしてそこまで慎重にととのえることが重要なのか、たとえば、媒体のシーツの小さな襞《ひだ》が、どうしてラーの受信に支障をきたすのか教えていただけますか？

ラー 私はラー。説明してみることは可能です。この交信は狭帯域で行われています。そしてこの媒体はとりわけ敏感です。したがって前述のような配慮があってこそ、私たちは首尾よくその（媒体の）なかに入り、なおかつ満足のいくレベルまでそれを使用することができるのです。

しかしそれでもトランス状態にあるこの媒体に負担がかからないわけではありません。ですから、この媒体の身体複合体への入口より上の領域は、とくに媒体が身体複合体に戻る際に不快感を生じさせないようクリアにしておく必要があるのです。ここにある装備品は、媒体の感覚入力《インプット》に心的な視覚化を加え、それがトランスの始まりを助けます。また、それらの入念な調整は、エネルギーをバックアップする支援グループに、ワークの時間の到来を再確認してもらえるという点でも重要です。儀式的な行為は、支援グループの多くのエネルギーを始動させるきっかけになります。こうした儀式的ふるまいのいわゆる長期的な影響により、ワークの回数が増すにつれて、より多くのエネルギーの使用が可能になっているのにあなたもお気づきかもしれません。

ただし、これは心／身体／霊複合体のこの特定のシステム、とくにこの媒体のために考案されたものであるため、かならずしも他のグループの助けになるとは限りません。

もう一問であれば、対応できるだけのエネルギーが転送されています。私たちはこの媒体を消耗させることはのぞみません。

質問者　それでは、この質問をさせていただきます。脳の前頭葉の目的と、それらの活性化に必要な条件を教えてくださいますか？

ラー　私はラー。脳の前頭葉は、いわゆる第四密度において、はるかに多くの使途が見出されるでしょう。

いわゆる脳のこの大きな領域の主要な心／感情の状態は、創造的な意味での喜びや愛であるため、私たちがピラミッドとの関連で論じてきたエネルギー、つまり癒し、学び、構築のエネルギー、そしてエネルギーの活性化といったすべてがこの領域にあります。これは達人が利用する領域であり、心《マインド》の根幹に働きかけて知的エネルギーとつながり、この入口《ゲートウェイ》を通して知的無限につながります。

私たちがこの媒体を離れる前に何かご質問はありますか？

質問者　**私たちはただ、媒体をもっと快適な状態にしてあげるために、あるいはこの交信を向上させるために、何かできることがあれば教えていただきたいと思います。**

ラー　私はラー。この媒体はややゆがみ気味ですが、あなたがたはそれぞれによくなさっています。あなたがたは良心的です。私たちはあなたがたが調整に配慮してくださっているのに感謝しています。この交信を維持するためにも、引きつづき各自のレベルでこうして細部にこだわっていていただければと思います。

私はラー。私は一**なる無限の創造主**の愛と光にあなたがたをゆだねます。友よ、一**なる無限の創造主**の力、そして平和のもとで嬉々として前進してください。アドナイ。

{session《セッション》 62}

July 13, 1981

ラー　私はラー。私は**一なる無限の創造主**の愛と光のなかから親愛のごあいさつを送ります。

交信を始める前に、支援グループのメンバーにお願いしたいことがあります。この媒体のまわりを円をえがくように歩いてから、それぞれが媒体の頭上約2・5フィート（約76センチ）の高さで強く息を吐き出し、それからもういちど媒体のまわりを円をえがいて歩いていただけますでしょうか。

（これは指示どおり行われました）

ラー　私はラー。ご協力に感謝いたします。垂直方向の位置合わせを再度確認していただいてから、交信を始めます。

（これも指示どおり行われました）

ラー　私はラー。私たちは今から交信します。

質問者　なにかまずい点があって、円を歩き直す必要があったのでしょうか。それから、なぜ息を吐き出す必要があったのか、その目的を教えていただけますでしょうか？

ラー　私はラー。この媒体はワーク開始時に、特定のサイキック攻撃を受けていたのです。実は、あなたがたが防護のための円を歩いていたとき、あなたがたの音声複合体の振動メカニズムによって言語化された言葉にわずかな不具合があり、そのすき間から侵入した存在がいて目下いわゆるトランス状態にある媒体にちょっかいを出していたのです。そのためこの媒体は、身体複合体のゆがみにかなりの悪影響を被っていました。

それであなたがたに円を正しく歩き直していただき、高潔な吐息でその想念形態を追い払い、あらためて円を歩いていただいたのです。

質問者　その想念形態はどういう性質で、どこに属するものでしたか？

ラー　私はラー。この想念形態はオリオンに属しています。

質問者　**この攻撃は、媒体の身体複合体にさらなるゆがみをもたらすのに成功したのでしょうか？**

ラー　私はラー。それで正しいです。

質問者　**そのゆがみはどんな性質のものですか？**

ラー　私はラー。その想念形態は、この媒体の腎臓のゆがみに手をくだすことで媒体のこの転生を終わらせようとしたのです。この腎臓のゆがみは時間／空間でいちおう修正されていましたが、時間／空間での成形と、いわゆる治療前のような脆弱で成形のくずれた空間／時間でのゆがみを切り離す方法を知るものの影響を受けやすい状態にありました。

質問者　**どのような弊害が生じているのでしょうか？**

ラー　私はラー。若干の不快感があるでしょう。しかし、この媒体が私たちにとてもオープンで、よく調整がなされていたのは幸いでした。私たちがこの媒体に到達し、あなたがたを誘導できていなければ、この媒体の身体的な乗りものはほどなく生存が危うくなっていたかもしれません。

質問者　媒体の身体的乗りものに関する限りで、今回の攻撃による永続的な影響はありますか？

ラー　私はラー。これはお答えするのがむずかしい質問ですが、私たちは長期にわたる弊害やゆがみは生じないものと考えています。

このような腎臓のゆがみの再成形を手がけたヒーラーが強力で、その際の〝きずな〟の存在が効果をもたらしています。現時点で問題となるのは、あとに残されたいわゆる呪文や魔法の効力という二つの形態です。つまり愛に満ちたヒーラーのゆがみと、分け隔てという観点ではやはり純粋であることには変わりないオリオンのゆがみです。不快感は長引くようなら注意を要しますが、それ以外はすべて順調であると思われます。

質問者　防護のための円に生じた隙間は、オリオンの存在による企《くわだ》てだったのでしょうか？　そのための具体的な計画があったのでしょうか、それとも偶然に生じたものだったのでしょうか？

ラー　私はラー。この存在は、あなたがたの言葉で言えば〝チャンスをうかがっていた〟ことになります。言葉の言いそんじは不測のことであり、この出来事も計画されたものではありません。

あなたがたの空間／時間の測定値でいう〝今後〟ワークを始めるときは、この媒体が機会あらばと監視されている可能性があることに注意してください。そして、円を歩くときに何らかの不備があったら、すぐにやり直してください。息を吐き出すのも適切ですが、かならず左の方へ吐き出してください。

質問者　いま言われた〝息を吐き出すこと〟について、もう少し詳しく説明していただけますでしょうか？　どういう意味かがいまいちわからないのですが。

ラー　私はラー。円が適切でない構成で歩かれた場合は、このワークにおける適切な構成でやり直すことをお勧めします。

質問者　それ以外に、息を左の方へ吐き出すようにおっしゃったと思います。それはどういう意味なのか教えていただけますでしょうか？

ラー　私はラー。それは、今まさにあなたが成し遂げられたように、吐いた息が媒体の頭の上で、媒体の右側から左側へ送られることを意味します。

質問者　媒体のトランスが醒めてから、この攻撃からの回復を促すために私たちが彼女にしてあげられることはありますか？

ラー　私はラー。やるべきことはほとんどありません。ゆがみが続くかどうかを見守り、問題が長引くようなら、この心／身体／霊複合体を適切なヒーラーに接触させるよう仕向けることは可能です。長引くことはないかもしれません。しかし、この闘いは今もって決着が待たれており、先に媒体に説明したワークを継続するよう、あなたがたがそれぞれに彼女を励ますこともできるでしょう。

質問者　**適切なヒーラーとは誰のことで、どうやって媒体を接触させればよいでしょうか？**

ラー　私はラー。ヒーラーは四人います。（霊的ヒーラーの個人名）として知られる者と（霊的ヒーラーの個人名）として知られる者は、ともあれそうした困難が身体的ゆがみであることに着目しており、それぞれが独自に開発中の実践手段をもって媒体の身体複合体に働きかけるでしょう。ゆがみが長引く場合は、（逆症療法のヒーラーの個人名）として知られる者が視野に入ってきます。あなたがたの言う二週間という期間を過ぎても困難が続くようであれば、（逆症療法のヒーラーの個人名）として知られる者が考えられるでしょう。

質問者　**（個人名）と（個人名）については、媒体は彼らを知っていますか？　私は知らない人たちですね？**

ラー　私はラー。それで正しいです。

質問者　**それが私たちが媒体を助けるためにできるすべてでしょうか？**

ラー　私はラー。それで正しいです。このグループには調和と愛情に満ち、うちとけた友好関係が当たり前に存在し、各自が仕事をするのに好ましい環境をつくり出していることを指摘しておきます。

質問者　オリオン・グループは、いま現在、地球上での活動に関して、このグループの有効性の低減や排除にどのような優先順位をつけているのでしょうか？　教えていただけますか？

ラー　私はラー。すべてのポジティブなチャネルや支援グループ同様に、このグループはオリオン・グループにとって非常に高い優先順位に置かれています。媒体の身体的ゆがみは解いたり緩めたりしやすいゆがみであり、もしオリオン・グループが成功すれば、心／身体／霊複合体が分解しかねないところです。しかしこの特定の支援グループは、心複合体と霊複合体の振動パターンに深刻なすき間をなくす方法をすでに学びとっていると言えるでしょう。他のチャネルでは、こうしたすき間がもっと目につくかもしれません。

質問者　意見を述べますので、修正をお願いいたします。オリオン・グループの目的は、自己への奉仕に極性化された人／存在たちを収穫に導いて、その手の収穫の規模をできるだけ膨らませることです。この収穫は、**平方または倍増の法則**と呼ばれる**一なるものの法則**のゆがみによって与えられる、彼らの潜在能力、つまり意識の中で仕事をする能力を高めることになります。これで正しいですか？

ラー　私はラー。それで正しいです。

質問者　いま現在、地球からの同タイプの収穫のために、オリオン座の存在とともに動いている、たとえば南十字星のグループのような、自己への奉仕の道にある存在たちのグループは他にもあるのでしょうか？

ラー　私はラー。あなたのいう南十字星からのグループは、オリオン・グループのメンバーです。さまざまな銀河から集まったグループに、いちいち名前を付ける必要性は、了解済みの言葉づかいと一致しません。いずれにせよいわゆるオリオン座の諸惑星の社会的記憶複合体が優位にあり、他のメンバーを支配しています。ネガティブな考え方には、かならず〝餌をつつく順番〟つまり上下関係があり、分け隔てゆえの力と力の対立があることを憶えておく必要があります。

質問者　地球から、ネガティブな方向性をもつ人／存在をできるだけたくさん収穫することで、オリオン・グループの社会的記憶複合体は力を増します。そのときの強さとは、その複合体全体の総力であり、序列はほぼそのままで、トップ集団が複合体の総力に応じてさらなる力を獲得するものと推測しますが、それで正しいですか？

ラー　私はラー。それで正しいです。力のあるものほど、極性のより大きな分け前に与《あずか》れるのです。

質問者　私たちがいま話題にしているのは第四密度のグループでしょうか？

ラー　私はラー。オリオン・グループの第四密度と数人の第五密度のメンバーがいます。

質問者　では、最初に餌をつつくことになる、序列のトップは第五密度になりますか？

ラー　私はラー。そのとおりです。

質問者　目的は何なのでしょう？　オリオン・グループの第五密度における序列の最上位にいるリーダーの目的が知りたいです。その存在の、いわゆる未来あるいは彼自身の未来のための目的や計画についての哲学を理解したいものです。

ラー　私はラー。こうした考え方はあなたがたにとってさほど不慣れなものではありません。現にあなたがたの惑星でも、この空間／時間連結体においてネガティブな方向性をもつ営為が一部権威づいているため、私たちの話は複数の密度にわたるかもしれません。

初期の第五密度のネガティブな存在は、社会的記憶複合体としてのまとまりを維持する方向性をもつ場合、英知への道はすべての他の自己を絶妙な正当性で操作することにあると、その自由意志で判断する可能性があります。そして、その英知の力で自己への愛と自己の理解の次元を探求することによって、英知への道をあゆむ第四密度の存在たちのリーダーになることができます。そうした第五密度の存在たちは、創造世界を〝秩序立てるべきもの〟と見なしているのです。

今回の収穫で（第五密度から）この第三密度のような次元をあつかう存在は、呼びかけのメカニズムをより明確に理解し、ネガティブな方向性をもつ人／存在たちに与えられる〝思考による略奪や操作に向かうゆがみ〟は各段に減少しています。しかし、そうした第五密度の存在は、かようなゆがみを引き起こすことはあえて容認し、そのための仕事にはあまり聡明でないものたちを派遣します。そしていかなる成果もことごとく第五密度のリーダーに還元されるのです。

第五密度の存在は光によってもたらされる困難を察知し、今回のような仕事に見合う振動／波動の存在に、この媒体のような格好の標的の捜索を命じます。そして、いわゆるエゴのゆがみに向かわせるような第四密度的な誘惑が不本意に終わると、第五密度の存在は、今度は光の排除という観点から画策するようになります。

質問者　**私たちへの攻撃の機会をうかがうオリオンの存在は、どんな方法を使ってここに来るのか、どんな外見をしていて、どんな気配を感じさせるのか教えていただけますか？　あまり重要なことではなさそうですが、こうした話題についていくらか洞察が得られればと。**

ラー　私はラー。第五密度の存在はとても軽やかで、あなたが理解できるタイプの物理的な乗りものを有しており、あなたがたの美の基準で言えば色白で麗しい存在です。

第五密度の存在は、思考を送信するための技術や規律を習得している可能性が高いため、彼らが送り込んでくるのは思考です。第四密度ネガティブの存在とは異なり、第五密度の存在は足どりが軽いため、知覚する手立てはほとんどあるいはまったくありません。

この媒体は、過日の日周期に極端な寒さを感じ、あなたがたにはとても暑く感じられる環境で、ふだん適切と見なされるよりはるかに長い時間を過ごしました。媒体は認識していませんでしたが、主観的な体温低下はネガティブまたは非ポジティブ、あるいは消耗をもたらす存在が近くに潜んでいる兆候です。

この媒体はそのとき不快感を口にしましたが、このグループの励ましのおかげでそれを跳ねのけています。あなたがたは愛と光のなかで生きることを学んでおり、**一なる無限の創造主**を想起することを怠らないため、くだんの偶発的事故がなければすべては順調であったはずです。

質問者　**それでは、この媒体に攻撃をしかけたのは第五密度の存在ということになりますか?**

ラー　私はラー。それで正しいです。

質問者　**第五密度の存在が、第四密度の手先を送り込むのではなく、わざわざみずから手を下すのはめずらしいことなのではないでしょうか?**

ラー　私はラー。そのとおりです。第四密度のネガティブな想念形態がもたらすいわゆる誘惑によって、ほとんどすべてのポジティブなチャネルやグループが、そのポジティブ性を低下させたり、まるで役に立たなくなる可能性があります。そうしたネガティブな想念形態は、特定の情報や自己顕示欲に向かうゆがみ、あるいは組織の興隆に向かうゆがみを、政治的、社会的、または財政的な方法で次々と入れ知恵してくる可能性があります。

私たちは皆、愛と光の**一なる無限の源**の慎ましいメッセンジャーであり、私たち自身は**創造主**のもっとも小さな部分であって、無限の知性の壮大な全体のほんの一部にすぎないことを知っています。ところがそれらのゆがみは、愛と光の**一なる無限の源**から、私たちの焦点をはずしてしまうのです。

質問者　媒体がこのような攻撃による冷気を継続的に体験してしまうという問題を解決するために、媒体自身ができること、あるいは私たちが媒体のためにできることはありますか？

ラー　私はラー。はい。

質問者　私たちに何ができるか教えていただけますか？

ラー　私はラー。**一なる無限の創造主**の愛と光のチャネルになる試みをやめることができます。

質問者　セッション中やその前後、あるいはそれ以外の時でも、媒体を助けるためにできることを私たちは何か見逃していないでしょうか？

ラー　私はラー。このグループの愛と献身は何も見逃しません。どうか安心してください。この仕事には多少の代価が伴います。この媒体はそのことを受け入れており、それゆえ私たちはこうして話すことができているのです。ですから、やすらぎと愛のなかに留まりつつ、あなたが意図し、望み、感じるままに行動してください。そしてそれが達成されたのであれば、なにも気にやむ必要はありません。愛こそが、ゆがみを癒す大いなるヒーラーであるのをどうか忘れないでください。

質問者　昨夜、私は（個人名）に訊かれた密度の振動に関する質問に、きちんと答えられませんでした。私は、たとえば第一密度は赤色スペクトルのコア振動で構成されており、第二密度はオレンジ色スペクトルというふうに理解しています。私たちの惑星のコア振動はまだ赤色で、第二密度の存在は現在のこの空間／時間ではまだオレンジ色で、いま私たちの惑星に存在する各密度は異なったコア振動を有していると理解してよいでしょうか？　それでは間違っていますか？

ラー　私はラー。それで確実に正しいです。

質問者　そして第四密度の振動が始まると、それはその惑星が第四密度のコア振動の存在を支えられることを意味します。そのとき惑星は依然として第一密度のコア振動で、そこに第二密度の振動をもつ第二密度の存在と、第三密度の振動をもつ第三密度の存在がいるのでしょうか？

ラー　私はラー。これがこのワークでの最後の質問になります。媒体にエネルギーの余裕はありますが、媒体のゆがみの状態から、あなたの許可を得てこのワークを短縮するのが望ましいと思われます。

質問者　わかりました。

ラー　あなたがたが言うところの地球は、七つの地球であると見なす必要があります。赤色、オレンジ色、黄色があり、そして間もなく第四密度の存在たちのための緑色の振動領域が完成し、彼／彼女らはそれを〝地球〞と呼ぶでしょう。第四密度の体験では、第四密度の存在に未熟な点があるため、第三密度の惑星球体は居住に向きません。というのも、第四密度の初期の存在は、第三密度の人／存在たちが利用可能ないかなる器具を使っても、第四密度を見たり割り出したりできないという幻想をうまく維持する方法を正確には知らないからです。

このように第四密度では、あなたがたの惑星の赤色、オレンジ色、緑色のエネルギーの連結体が活性化され、青色と藍色とともに黄色が増強されます。

この時点で、簡単な質問であればお答えできます。

質問者　私たちが媒体をもっと心地よい状態にしてあげるために、あるいはこの交信を向上させるために何かできることがあれば教えてください。

ラー　すべては順調です。あなたがたはほんとうに良心的です。

私はラー。友よ、私は**一なる無限の創造主**の愛と光の栄光にあなたがたをゆだねます。ですから、**一なる無限の創造主**の力、そして平和のもとで嬉々として前進してください。アドナイ。

session《セッション》 63

July 18, 1981

ラー　私はラー。私は**一なる無限の創造主**の愛と光のなかから親愛のごあいさつを送ります。私たちは今から交信します。

質問者　**媒体の状態について教えていただけますでしょうか？**

ラー　私はラー。この媒体の生命エネルギーはこの心／身体／霊複合体にとって正常なゆがみにあります。身体複合体はサイキック攻撃のため腎臓と尿路の部分がゆがんでいます。関節炎と呼ばれるゆがみのせいで存続しているゆがみもあります。

この媒体は、ここしばらくネガティブな方向性をもつ勢力に監視されており、こうしたサイキック攻撃は恒常化するかもしれません。

質問者　媒体はセッション前に何度かトイレに行くのですが、それはサイキック攻撃のせいでしょうか？

ラー　私はラー。概してそれは正しくありません。この媒体は私たちが交信に使う素材のゆがみの残滓を身体複合体から排出しているのです。そのタイミングはまちまちで、交信の前にもよおすこともあれば、後のこともあります。

この人／存在はこの特定のワークにおいて、前述の困難による特定のゆがみ／症状の激化を体験しています。

質問者　つぎの質問にはすでにお答えいただいていますが、新しい展開があったときにそなえて毎回お訊ねするのが今の私の義務であると思っています。それは、媒体へのサイキック攻撃の効力を弱めるために、可能であるにもかかわらず、まだ私たちがやっていないことがあるのではないかということです。

ラー　私はラー。**創造主**への愛と讃美と感謝の気持ちを持ちつづけてください。これまでの資料を吟味してください。愛は、大いなる守護者です。

質問者　生命エネルギーの定義を教えていただけますでしょうか？

ラー　私はラー。生命エネルギーとは心、身体、霊のエネルギーレベルの複合体です。それは物理的なエネルギーとは異なり、有意な方法で振動する統合された複合体を必要とします。

意志の力は、欠如した生命エネルギーにさまざまな度合いでとって代わることができます。これはあなたがたの時間でいう〝過去〟のワークにおいて、この媒体にも起こったことがありますが、お勧めできることではありません。しかし現時点では、彼女の身体的エネルギーレベル自体は低いものの、生命エネルギーは心と霊にじゅうぶん養われています。

質問者　生命エネルギーは、当人／存在の極性ならびに**創造主**や創造世界との全般的な調和／一致についての認識や偏向の作用であると推測するのは正しいでしょうか？

ラー　私はラー。私たちはあなたの意見の正しさを非特定的な意味で肯定することができます。生命エネルギーは、創造世界の美しさや他の自己への感謝、そしてあなたがた共同**創造主**たちの創り出す美のゆがみなどのような、生命や人生経験への深い愛と見なすことができるでしょう。

この生命エネルギーがなければ、どれほどゆがみの少ない身体複合体であってもうまく機能せずに消滅してしまいます。しかし、この愛や生命エネルギーや気力があれば、たとえ身体複合体は大きくゆがんでいても人／存在は存続することができるのです。

質問者　第四密度では赤色、オレンジ色、緑色のエネルギーが活性化され、黄色、青色などは増強されるという事実に関する質問を続けたいと思います。現在、緑色のエネルギーが活性化されています。それらはこの45年間ずっと活性化されつつあるのです。私は緑色が完全に活性化され、黄色が増強されるまでのこの期間の移行について気になっています。黄色が活性化から増強に向かうと何が失われ、緑色が完全な活性化に向かうと何が得られるのでしょうか？　また、そのプロセスはどのようなものなのでしょうか？

ラー　私はラー。あなたがたの球体の周期の終わりと緑色光線の周期の始まりを話題にする際、利益と損失について話すことは誤解をまねきます。損失が存在しない創造世界があるということを、つねに知性の最前部に置くようにしてください。人／存在たちの経験的使用のための漸進的な周期が存在しています。それでは、質問にお答えします。

緑色光線の周期、つまり愛と理解の密度がかたちを成しはじめると、現在あなたがたがダンスに興じている黄色光線の次元つまり地球は、第四密度の存在が自分たちの密度を第三密度から保護する能力を学び、体得するのに必要な空間／時間のあいだ、あなたがたの空間／時間の一定期間、居住されなくなります。この期間が過ぎれば、第三密度がふたたびその黄色光線の球体で周期を成すときが来ます。

その一方で、黄色光線とかなり一致する別の球体が形成されています。この第四密度の球体は、第一、第

二、および第三密度と共存しますが、その素材の回転コア原子的な側面から、より密度の高い性質のものです。この題材については以前お話ししています。

この空間／時間に転生する第四密度の存在は、経験という観点から見ると第四密度ですが、この次元における第四密度の誕生を体験し支援することを望むゆえに、より密度の低い乗りもので転生してきます。

あなたは第四密度の存在には、あふれんばかりの思いやりがあることに気づくでしょう。

質問者　現在、この次元の第三密度の転生者で、これまでも惑星地球のこの密度でいく度か転生をかさねている人／存在たちは、進級の仕方によって、①ポジティブな極性をもち、この惑星での第四密度の体験のためにここに残るもの、②ネガティブな極性をもち収穫に値し、別の惑星に行くもの、③上記以外の、第三密度の収穫に値しない人／存在で、別の第三密度の惑星に行くもの、というように三つに分かれます。これらの人／存在たちに加えて、この惑星とともに第四密度へ移行するために、別の第三密度の惑星から来て第三密度の形態に転生している収穫に値する人たちもいます。そして、さらにそこに**ワンダラー**たちの存在も加わるものと推測します。それで正しいでしょうか?

ラー　私はラー。指摘すべき細かい点がありますが、それ以外は正しいです。ポジティブな方向性をもつ収穫された人／存在たちは、この惑星の影響下に残りますが、この次元には留まりません。

質問者　現在ここには約六千万人の**ワンダラー**がいるとおっしゃったと思いますが、私の記憶は正しいでしょうか？

ラー　私はラー。それでほぼ正しいです。その人数をいくらか越えています。

質問者　その数には、第四密度を体験するためにこの惑星にやってくる収穫に値する人／存在たちも含まれていますか？

ラー　私はラー。いいえ。

質問者　他の惑星からここに来ていて、第三密度から第四密度への収穫に値する存在は、現在およそ何人くらいいるのでしょうか？

ラー　私はラー。これは最近の現象というべきもので、まだ三万五千人を超えていません。

質問者　現在これらの人／存在たちは第三密度の振動性の身体に転生しています。私は、第三密度から第四密度へのこの移行がどのように起こるかを理解しようとしています。そこで、いま話題にしている、第三密度の身体をまとうこれらの人／存在たちの一人を例にとって質問させていただきます。さて、その人もこのまま歳をとるわけですが、その移行のためには、第三密度の身体で死んでから第四密度の身体に転生する必要があるのでしょうか？

ラー　私はラー。そうした人／存在たちは、活性化された二重の身体《ダブルボディ》と呼ばれるもので転生してきます。そうした第四密度の人／存在たちを出産する人／存在たちは、妊娠中、いわゆる霊的エネルギーとのつながりとその使用に関わるすばらしい感覚を体験することになりますが、これは二重の身体を顕在化させるための必要性に起因しています。

この移行期の身体は、流入が増大するにつれて、第三密度の身体に混乱をきたすことなく第四密度の振動複合体をいわば味わえるようになるというものです。しかし第三密度の人／存在が、第四密度を電気面でじゅうぶん認識していても、第三密度の電場と相容れないためうまく立ちまわることはできないでしょう。

死についてのご質問ですが、これらの人／存在たちも第三密度の必要性にしたがって亡くなります。

質問者　つまり、活性化された二重の身体をもつ人／存在が第三密度から第四密度へ移行する場合、その第三密度の身体も移行を行うために私たちが死と呼ぶプロセスを経るということですね。それで正しいでしょうか？

ラー　私はラー。第三密度と第四密度が結合した身体は、第三密度の心／身体／霊複合体のゆがみの必要性に応じて亡くなります。

心／身体／霊複合体の結合的活性化の意義は、第三密度が忘却ゆえに思い出せない第四密度の理解／合意を、そのような人／存在たちならある程度克明に認識できるという点にあります。ご質問の核心に迫ることはできたでしょうか。そのため第四密度の体験は、問題山積の第三密度の環境に住みながら愛と思いやりを差し出すという、他者への奉仕の方向性をもつ存在へのつのる関心もあいまって始まることになるのかもしれません。

質問者　完全にさま変わりする前に地球に移行してくる目的は、収穫の前にここで体験を積むことなのでしょうか？

ラー　私はラー。それで正しいです。これらの人／存在たちは、この惑星球体が第四密度の故郷の星であるという意味で**ワンダラー**ではありません。しかしこの種の奉仕の体験は、他者への奉仕に向かう方向性をつよく示してきた、収穫された第三密度の人／存在たちだからこそ得られるものなのです。この収穫においては、他の自己への奉仕という多くの体験的触媒があるため、これほど早い段階で転生を許されるのは光栄なことであると言えます。

質問者　昨今では、念力で金属を曲げられる子供たちが大勢いますが、これは第四密度の現象です。すると、こうした子供たちの大半は、いま私たちが話していたタイプの人／存在たちということになりますか？

ラー　私はラー。それで正しいです。

質問者　彼らにそれができて、ここにいる第五密度の**ワンダラー**にできない理由は、第四密度の身体の活性化の有無にあるのでしょうか？

ラー　私はラー。それで正しいです。**ワンダラー**は心／身体／霊複合体が第三密度で活性化されており、瞑想やワークなどの修練によってのみ看破できる忘却の対象となります。

質問者　こうした状況の理由を推測してみました。まず、ごく最近ここに来た収穫に値する第三密度の人／存在たちは、彼／彼女らの教えが極性化に影響をおよぼさないよう、じゅうぶん遅れて来ています。彼／彼女らは今まだ子供ですから、移行がかなり進むまで、じっさいに極性化に影響をあたえうる年齢に達しないため第一のゆがみを侵害する心配がありません。一方、ここに来ている**ワンダラー**たちはもっと年上で、極性化に影響を与える能力がより大きいことになります。したがって第一のゆがみの範囲に収まるように、忘却のプロセスを看破する能力に応じて影響力を投じる必要があります。それで正しいですか？

ラー　私はラー。たいへん正しいです。

質問者　ただ、収穫に値する第三密度の人／存在にはもっと歳のいった方もいるようなのです。私は50歳以上と、30歳以上で金属を曲げられる方を知っています。活性化された二重の身体をもつこと以外の理由で、金属を曲げられる人／存在はいるのでしょうか？

ラー 私はラー。それで正しいです。偶然であれ、入念な計画によるのであれ、知的エネルギーの入口《ゲートウェイ》を通過した人／存在は、そういったエネルギーの形成力を使うことができます。

質問者 現在、この移行は第四密度の活性化へと進みつつありますが、その第四密度の球体に生息するためには、すべての第三密度の物質的な身体は私たちが死と呼ぶプロセスを経る必要があります。それで正しいですか？

ラー 私はラー。それで正しいです。

質問者 現在のこの第四密度の球体には、すでにこのプロセスを経た住人がいますか？ その球体はいま居住されているのでしょうか？

ラー 私はラー。それは、ごく最近にかぎって言えば正しいです。

質問者 この惑星ではまだ収穫が行われていないので、その人口はほかの惑星から来ているものと推測されます。それらの存在たちは、すでに収穫が行われた惑星から来ているというので正しいですか？

ラー　私はラー。それで正しいです。

質問者　それでは、それらの存在は私たちに見えますか？　あなたにはそのうちの誰かが見えますか？　その存在は私たちの地表を歩いているのでしょうか？

ラー　私はラー。これについてはすでに論じています。これらの存在は、現時点では二重の身体をもっています。

質問者　この件では、あまりにお粗末で申し訳ありません。私にはこの特定の概念を理解することがほんとうに難しいです。それでもっとよく理解したくて、また懲りずに的はずれな質問をしてしまいそうです。それでも、よく理解することはおろか、満足に把握することすらおぼつかないのではないかと……。

そして、第四密度の球体が活性化されると熱エネルギーが発生します。この熱エネルギーは、第三密度の球体でのみ発生していると推測しますが、それで正しいですか？

ラー　私はラー。それでたいへん正しいです。それぞれの次元の体験的なゆがみは別々です。

質問者　そして、未来のある時点で第四密度の球体が完全に活性化されることになるわけですが、その球体の完全な活性化は部分的な活性化とどう違うのでしょうか？

ラー　私はラー。現時点での宇宙からの流入は、真の緑色のコア粒子の形成ひいてはその性質の素材の形成を促しています。しかし、この時点では黄色光線と緑色光線の環境が混在しており、過渡的な心／身体／霊複合体タイプのエネルギーのゆがみの誕生を必要としています。真の緑色の愛の密度が完全に活性化されると、惑星の球体そのものが強固で、居住可能なものになり、そこで起こる出産は時間の経過とともに、いわば第四密度の惑星環境を完全に味わうのに適したタイプの乗りものを産み出すものに変わっているでしょう。この連結体では、緑色光線の環境は、空間／時間よりも時間／空間にはるかにひろい範囲で存在しています。

質問者　時間／空間と空間／時間に関して、あなたが述べておられる違いを説明していただけますか？

ラー　私はラー。ご理解いただけるよう、ここでは内なる次元の定義を実務的に使用することにします。この音声振動複合体には、実に多くの精妙な要素が込められているのですが、おそらくその定義だけで現時点でのあなたのニーズを満たすことは可能でしょう。

質問者　これから意見を述べますので、修正をお願いいたします。私たちに起こっているのは、この主要銀河全体の螺旋作用によって私たちの惑星が螺旋上昇し、私たちの惑星系が新しい位置に向かうにつれて第四密度の振動がますます顕著になるというものです。そうした原子コア振動は第四密度の球体と、その球体に生息するための第四密度の身体的な複合体をよりいっそう完全につくり出しはじめます。それで正しいでしょうか？

ラー　私はラー。これは部分的には正しいです。修正すべき点は、緑色密度の身体的な複合体がどのようにつくり出されるのかの部分です。この創造は徐々に行われますが、まずはあなたがたの第三密度タイプの身体的乗りものから始まり、両性生殖という手段がとられ、進化のプロセスによって第四密度の身体複合体になるのです。

質問者　それでは私たちがこれまで話してきた、収穫に値する移されてきた第三密度の人／存在たちが、ののちのち必要となる第四密度の複合体を両性生殖によってつくり出すことになるのでしょうか？

ラー　私はラー。真の緑色のエネルギー複合体の流入により、身体複合体の細胞の原子構造が、愛の密度のそれになるような状況がどんどんつくり出されます。これらの身体的乗りものに宿る心／身体／霊複合体は、あなたがいま言及した人／存在たちや、収穫完了時のあかつきには、この惑星の影響下にある収穫された存在たちのものになり、すでにある程度そうなりつつあります。

質問者　こうした主要銀河にはその全体に関わる時計の文字盤のようなものがあり、それが回転すると、すべての星々や惑星系が移行のあいだ密度から密度へと運ばれるのでしょうか？　仕組みはそういう感じでしょうか？

ラー　私はラー。あなたは明敏です。この目的のために**ロゴス**によって計画された三次元的な時計の文字盤を見るもよし、あるいは終わりなき螺旋を見るのもよいでしょう。

質問者　**私たちの第三密度から第四密度への移行において、ロゴスは加熱効果は計画していなかったものと理解していますが、それで正しいですか？**

ラー　私はラー。**ロゴス**は**それ自体**が自由意志の所産であるため、もちろん**ロゴス**によって計画された自由意志の条件を除けば、それで正しいです。このような状況下では事象や条件が無限に生じる可能性があります。それらは**ロゴス**が計画したものとは言えませんが、自由に任されたものと言えます。

質問者　**地球で起こる加熱現象は身体の病気に似ており、根本的原因として、同じかあるいは類似した心的構成を有するように思われますが、それで正しいですか？**

ラー　私はラー。あなたがた諸民族の霊的構成や心的偏向もまた、あなたがたの惑星球体の身体複合体のこうしたゆがみの原因であることを除けば、それで正しいです。

質問者　**第三密度が活性化状態から増強状態に移行すると、第一密度、第二密度、第四密度の惑星が残ることになります。そのとき、この惑星に活性化された第三密度の振動は存在しません。現在この惑星にあるすべての第三密度の振動は私たちのような人／存在の身体的な複合体を構成する振動であり、それは現時点で**

の、この惑星の第三密度の振動の総和であると推測しますが、それで正しいでしょうか？

ラー　私はラー。これが今回のワークでの最後の質問になります。この媒体にはまだ転送によるエネルギーが残っていますが、不快感が生じています。私たちはこの媒体の消耗をのぞみません。この媒体はサイキック攻撃にもかかわらず、以前のワークのときよりも良い構成になっているようです。

ご質問にお答えしますと、第三密度の心／身体／霊複合体に加えて、それらの共同**創造主**たちが生み出した人工物、想念形態、および感情の振動も該当するという点においてのみ正しくありません。ここは第三密度なのですから。

この媒体を離れる前に、簡単な質問でしたらお答えできます。

質問者　私たちが媒体をもっと楽な状態にしてあげるために、あるいはこの交信を向上させるために何かできることがあれば教えてください。

ラー　私はラー。あなたがたは良心的であり、すべてが順調です。友よ、私たちは今、**一なる無限の創造主**の愛と光の栄光にあなたがたをゆだねます。ですから、**無限の創造主**のパワー、そして平和のもとで嬉々として前進してください。アドナイ。

{session《セッション》 64}

July 26, 1981

ラー　私はラー。私は**一なる無限の創造主**の愛と光のなかから親愛のごあいさつを送ります。私たちは今から交信します。

質問者　最初に、媒体の状態について教えていただけますでしょうか?

ラー　私はラー。一過性のゆがみが生命エネルギーの自由な流れを減少させていますが、それ以外は前にお伝えしたとおりです。

質問者　その一過性のゆがみとは何か、教えていただけますか?

ラー　私はラー。これは取るに足らない情報です。

質問者　では、それについてはお訊ねいたしません。

私たちが交信を開始するために行う儀式の背後にある基本原理と、防護のための白魔術の基本原理と呼ばれているものを説明していただけますか？

ラー　私はラー。ご質問の流れから、私たちはこの媒体の一過性の生命エネルギーのゆがみの原因を、回答に盛り込むことが適切であると判断しました。その原因は、集団礼拝において一**なる創造主**への献身を表現することに〝ときめく傾向〟です。

この人／存在は、そうした表現によって得られる庇護を意識と潜在意識の両方で切望していたのです。それは彼女が、そのための装身具、儀式、教会と呼ばれるゆがみのシステムによって与えられる色とその意味、讃美歌、感謝の祈りの組み合わせに対して、そしてなによりも、もっとも中心的で魔術的に思われる、この次元のものでない形而上学的滋養に変換された食べ物を、この表現のゆがみが聖餐式／聖体拝領と称する場において摂取することに対して、とりわけ大きく反応することからもわかります。

彼女のこの庇護への切望がより強いものとなった潜在意識的な理由は、そのような表現が一**なる創造主**の存在への変容をもたらすものと理解されたとき、それは他者への奉仕の道を歩むものを大きく庇護してくれるという認識でした。

白魔術的性質の儀式の背後にある原理は、そのお膳立てにより、心《マインド》の幹にとどく刺激を構成することです。この構成によって、純化された感情や愛が生成され、それが庇護となり、知的無限への入口《ゲートウェイ》の鍵となるのです。

質問者　二つ前のセッションで、交信開始の儀式における小さなミスが、オリオン系の存在の侵入を許してしまいました。その理由を教えていただけますか？

ラー　私はラー。この交信は狭帯域で行われており、その前提条件は厳密です。ネガティブな道で奉仕する他の自己もまた、剣客の技を有しています。あなたがたがこの交信で扱うのは、いってみれば、雪片のように繊細な結晶質のうつわに注がれる、はげしく強大な力なのです。

ほんのささいな手抜かりが、こうした送信経路を成すエネルギーパターンの規則性を乱す可能性があるのです。

ご参考までにお話ししますが、私たちがいったん中断したのは、状況に対処する前に、媒体の心／身体／霊複合体が適切な光の構成または密度に安全に収まっていることをはっきり確認する必要があったからです。

心／身体／霊複合体が失われるのを看過するくらいなら、殻が生存不能になるのを看過するほうがはるかにましでしょう。

質問者　ラーが奉仕の方向性を模索されていたとき使用された儀式や技法について、説明あるいは教示していただけますか？

ラー　私はラー。第六密度の社会的記憶複合体が進歩を期して行なった内なる努力を語ることは、よくて単純なコミュニケーションの誤認に終わるでしょう。というのも、密度から密度への概念の伝達においては多くが失われ、第六密度の詳解は不可避的に大きくゆがめられてしまうからです。

しかし、私たちはあえてあなたのご質問を取り上げてみようと思います。なぜならそうすることは、私たちが〝創造世界／万物がまったき一なるものであること〟をあらためて表現させていただける点で有益と思われるからです。私たちは、あなたがたがまだ通じていない共有された体験のレベルで**創造主**を求め、光の中に身を置くというよりも、むしろ自分たちが光になっています。私たちは光以外の素材はないと理解しています。そして私たちは、目下あなたがたが体験しはじめているバランス調整のプロセスを、かぎりなく精妙なかたちで継続させています。あなたがたであればそれを儀式と呼ぶかもしれません。

私たちはいまは極性をもつことなく探求しています。私たちが光／愛、そして愛／光になったことにより私たちの探求は内面化されており、もはや私たちは外の力にうったえることはありません。私たちが求めているのは思いやり／慈悲の心と叡智の間のバランスであり、これらのバランスのおかげで、私たちの体験に対する理解はよりいっそう深まり、自分たちがこれほど嬉々として求める〝**一なる創造主**との融合〟にさらに近づくことができるのです。

あなたがたの進歩の度合いにおけるあなたがたの儀式には極性化の概念が含まれており、あなたがたの特定の空間／時間ではそれがもっとも中心に置かれています。

具体的なご質問があれば、さらにお答えできるかもしれません。

質問者　ラーが第三密度にあったときに、心、身体、そして霊において進化するために使用された技法を伝授していただけるとありがたいのですが。

ラー　私はラー。この質問は**混乱の法則**を超えた先にあります。

質問者　ラーの第四密度での体験についてはいかがでしょうか？　これも**混乱の法則**を超えたところにあるのでしょうか？

ラー　私はラー。それで正しいです。私たちの思うところをお話ししましょう。ラーはエリートではありません。私たちを称賛する集団に私たちの具体的な体験について話すことは、そのグループを特定の助言のポイントに誘導することです。私たちの営為は、あなたがた人間のそれと同じで、喜びや悲しみの触媒を体験することでした。私たちの状況は若干より調和がとれたものでしたが、どのような人／存在であっても集団であっても、どのような外なる環境においてであっても、この上ない調和を生みだすことは可能であると言わせてください。ラーの体験は、あなた自身の体験と変わりありません。あなたの体験は、第三密度の収穫にのぞむこの空間／時間におけるダンスにほかならないのです。

質問者　最近、ギザの大ピラミッドの近辺か内部か、あるいは地下に記録が残されている可能性があるという問題が提起されました。これが有益かどうか私にはまったくわかりませんが、その界隈を調査することに何らかのメリットがあるのかだけお訊かせ願えませんでしょうか？

ラー　私はラー。私たちが情報提供に消極的であることをお詫びいたします。しかし、この特定の題材は、それについてのいかなる発言も、自由意志の侵害を生みだす可能性があるのです。

質問者　あなたは以前のセッションで、18概日周期で生じる、達人のための魔法の入口《ゲートウェイ》に言及されました。その情報をもうすこし詳しく教えていただけますか？

ラー　私はラー。心／身体／霊複合体は、月や惑星や宇宙、そして場合によってはカルマといった一連の影響をうけて生まれてきます。幻影であるこの世界に生まれ出た瞬間に、私たちの言う周期が始まります。

霊的、または達人の周期は18概日周期で、正弦波《サイン》の性質で動作します。そして、その人／存在がまだ心／身体／霊複合体のゆがみ／現実《リアリティ》を完全に意識的に制御できていない場合、周期の曲線のプラス側になる最初の9日間に、仕事がもっとも適切に行われる何日かの（正確には4日目、5日目、6日目）良好日がありま す。

この情報でもっとも興味深いのは、各周期と同様に、9日目から10日目、および18日目から（次の）1日目を通過する際、とくに別の周期でも同時に移行が起こる場合、達人がなんらかの困難を体験することになるという危機的な時期に言及している点です。各周期の最下点では、達人の力はもっとも弱くなりますが、それでもそうした危機的な時期に経験するほどの困難にさらされることはありません。

質問者　では、そういった周期を見つけるには、子供が母親の体内からこの密度に産み落とされた時点を特定すればよく、その瞬間から周期は始まり生涯にわたって継続することになる、というので正しいですか？

ラー　私はラー。ほぼ正しいです。出生の瞬間を特定する必要はありません。この出来事が起こった概日周期がわかれば、もっとも洗練されたもの以外のすべての仕事に申し分ありません。

質問者　達人がこの時期に行う魔法は、周期上より好ましくない時期に行うものよりも成功率が高く、いわばより当人の意図にかなうものになると考えてよいでしょうか？

ラー　私はラー。達人にとってこの周期は有用なツールですが、先に述べたように、達人のバランスがとのうにつれて、彼／彼女の意図した仕事はそうしたチャンスの周期に依存することが少なくなり、その効力にますますむらがなくなります。

質問者　どの時点で、達人がこの周期的な行動から独立できるレベルに達したと言えるのか、私にはそれを見きわめるすべがありません。そこまで自立するためには、どれくらいの〝熟達度〟が必要なのか、めやすを教えていただけますか？

ラー　私はラー。このグループの取り組みの性質上、それを具体的にお話しすることは憚《はばか》られます。なぜならそうすることは評価／価値判断につながると思われるからです。ただしこの周期については、あなたがたのグループ内でのいわゆる占星術の立ち位置と同じように考えてよいかもしれません。つまり、それらは興味深いものですが、決定的に重要なものではないということです。

質問者　ありがとうございました。
　最近の研究によると、この惑星の人／存在たちの正常な睡眠サイクルは、各概日周期が一時間ずつ遅くなり、24時間サイクルではなく25時間サイクルになるとのことです。これは正しいのでしょうか？　もし正しいのなら、それはどうしてでしょうか？

ラー　私はラー。これは正しい場合もあります。火星由来の人々が記憶を体験するその惑星の影響は、彼

／彼女らの第三密度の物質的な身体複合体に何らかの影響をおよぼします。この種族はあなたがたの次元の多くの身体にその遺伝物質を与えています。

質問者　ありがとうございました。

ラーが以前のセッションで言及された（個人名）と（個人名）は、私たちが医療従事者と呼んでいる人たちです。身体的ゆがみを軽減する現代の医療技術には、そうしたゆがみの目的やいわゆるカルマの観点から見た場合、どのような価値があるのでしょうか？

ラー　私はラー。この質問は複雑です。というのも、あなたがたの癒しの実践において対処療法的であるものには、いくぶん二面性があるからです。そのため私たちは一つのまとまった答えを出すかわりに、いくつかの所見を述べることにします。

まず、あなたは対処療法の治療者一人ひとりが実際に癒し手《ヒーラー》である可能性／蓋然性を見てゆく必要があります。あなたがたの文化圏では、この種の訓練は治療の能力に熟達する適切な手段であると考えられています。対処療法的な治療家はもっとも基本的な意味において、癒される側がいわゆる人生のより長期にわたってさらなる触媒を体験できるよう、その身体複合体および心／感情の複合体のゆがみを軽減させるという他者への奉仕をのぞむ人であると、おそらく見なされる可能性があります。これは、あなたがたの幻影である空間／時間連続体を使って生み出すことのできる、英知と愛に向かうゆがみを蓄積しうるという点で、適切である場合にかぎり、他者へのすばらしい奉仕となります。

しかし、そこに身体複合体を機械とみなす対処療法の概念が観察されるとき、私たちは気晴らしのゆがみ、匿名性のゆがみ、睡眠のゆがみという、もっとも執拗な欲望に入れ込んでるかに見える社会的複合体の諸症状を感じとることがあります。これはあなたがたの次元の社会的思考の原因ではなく、結果であると言えるでしょう。

そして身体複合体を機械と見なすこの概念は、身体的ゆがみの抑制や封印に使われる強力な化学物質により、いわゆる不健康に向かうゆがみを継続的に蔓延させています。しかしあなたがたの多くは、対処療法だけでなく、ほかの多くの癒しの手法を含む、より効果的な癒しのシステムがあることに気づいています。

質問者　では、身体的ゆがみが生じた人／存在がいて、その人／存在が対処療法に助けを求めるか、それともゆがみの触媒を経験してゆがみの修正を求めないかの選択を迫られていると想定します。この人／存在が直面しているこの二つの可能性と、それぞれの道に関して彼／彼女がどう分析しうるかについてコメントをいただけますでしょうか？

ラー　私はラー。その人／存在が他者への奉仕の方向に極性化されている場合、どの選択／道が他者への奉仕の機会をもっとも多く提供してくれるかという考察にそって、分析は的確に進められます。

ネガティブな方向に極性化されている人／存在の場合は、その逆になります。

極性化されていない人の場合は、考察は場当たり的で、選択は快適さのゆがみに向かうものになる可能性がもっとも高くなります。

質問者　先日、（個人名）博士が四本指のビッグフットの足跡の石膏型をここに持ち込まれました。その足型はどの形態のビッグフットのものか教えていただけますか？

ラー　私はラー。お教えすることができます。

質問者　それが重要でないことは承知していますが、（個人名）博士への好意からお訊ねしています。

ラー　私はラー。この存在は想念形態の小さなグループに属していました。

質問者　これも重要でないことですが、博士はこうも訊ねておられます。どうして地上で死んだビッグフットの遺骸が発見されないのかと。それにもお答えいただくことはできますか？　瑣末なことですが、よろしくお願いいいたします。

ラー　私はラー。あなたがたの大陸の西海岸の山岳地帯の地下にある洞窟を探索すれば、いつかそのような遺骸が見つかる日が来るかもしれません。しかしその蓋然性／可能性の渦が満ちるまで、この文化が（あなたがたの時間測定で）〝現在〟の形で存《なが》らえている場合は、それらが世間一般に理解されることはないでしょう。

この時点で、もう一問であればお答えするのに充分なエネルギーがあります。

質問者　癒しの練習《ヒーリングエクササイズ》で〝身体の感覚を調べる〟と言われるとき、それは五感を介して得られる感覚や、触れたり愛撫したり性的共有をしたり寄りそったりというような、身体の自然な機能に関連した感覚のことなのでしょうか、それともまったく別ものなのでしょうか？

ラー　私はラー。質問者は、今この瞬間も自分の身体複合体を感じている可能性がありますが、それは感覚を体験しているのです。そうした感覚のほとんど、あるいはこの場合はほぼすべてが一過性で、気をひくようなものではありません。しかし身体は心《マインド》の産物です。ある種の感覚は、その感覚を体験したとき心《マインド》が感じとる電荷や力ゆえに重要性を帯びます。

たとえばこの空間／時間連結体ではある感覚がつよい電荷を帯びており、それを検証することができます。それは、このワーク中の身体複合体が窮屈な体勢にあることによるいわば〝不快感に向かうゆがみ〟の感覚です。よってあなたはバランスを調整する際に、この感覚を検討するでしょう。この感覚が強力なのは、人／存在が交信に身を入れながら他者への奉仕を行えるようにと選択されたものだからです。

心《マインド》に意味ありげな余韻をのこす感覚や、記憶に痕跡をのこす感覚は一つひとつ検証していく必要があります。それらが私たちの言うところの感覚です。

私たちがこの媒体を離れる前に、簡単な質問でしたらお答えできますが。

質問者　私たちが媒体をもっと快適な状態にしてあげるために、あるいはこの交信を向上させるために何かできることがあれば教えてください。

ラー　私はラー。ひきつづき位置合わせに配慮してください。あなたがたは良心的であり、媒体の手首や手に関係する現時点のゆがみに対処する方法をよく心得ています。いつものように、愛こそが最大の保護となります。

私はラー。友よ、私たちは今、**無限の創造主**の燦然たる愛と喜びの光にあなたがたをゆだねます。ですから、**一なる無限の創造主**のパワー、そして平和のもとで嬉々として前進してください。アドナイ。

session《セッション》 65

August 8, 1981

ラー　私はラー。**一なる無限の創造主**の愛と光のなかから親愛のごあいさつを送ります。私たちは今から交信します。

質問者　まず、媒体の状態、ならびに生命エネルギーと身体エネルギーのレベルを教えていただけますでしょうか？

ラー　私はラー。この媒体の生命エネルギーは前に述べたとおりです。身体エネルギーは、いわゆる関節炎の症状であるゆがみ複合体のせいで、この空間／時間において弱さに向かって大きくゆがんでいます。サイキック攻撃は一定のレベルで続いていますが、この媒体は、それ自身の忠実さと支援グループの誠実さのはたらきをかりて深刻な問題を排除する形でうまく対処しています。

質問者　私は自分がまだ理解できていないいくつかの事柄をより明確に把握して、今後の自分の活動計画に役立てられればと思っています。それで今回、すでにカバーされている細部を取り上げるかもしれませんがよろしくお願いいいたします。

この惑星で、肉体に転生している多くの人たちによる探求が、遠からず増加するような気がしています。そうした探求心の高まりは、彼／彼女らが〝創造されたもののありのまま〟を、いわゆる〝人が創造したもの〟に対して、もっと意識するようになるからです。彼／彼女らの方向性と思考が、ユニークな性質の触媒によって、より基本的な概念を考えるように切り替えられるからとでも申しましょうか。それで正しいでしょうか？

ラー　私はラー。一般論が完全に正しいということはけっしてありません。しかし、人／存在はカーテンの穴を前にして、はじめて窓から外をのぞくこともあります。そのような傾向は、この連結体におけるあなたがたの空間／時間と時間／空間連続体の中で、その可能性／蓋然性の渦が活発であることを考えるとじゅうぶん起こりうるでしょう。

質問者　多くの**ワンダラー**や、ここに移された収穫された第三密度の人／存在たちが、この惑星に転生することが栄誉であり、きわめて有益な時間であるのを感じている理由は、私が先に述べた効果で探求が増加する分、奉仕の機会がたっぷり与えられるからではないかと推測しています。一般的には、それで正しいでしょうか？

ラー　私はラー。**ワンダラー**たちは転生前にこれを意図して生まれてきます。しかし**ワンダラー**のなかには、あなたがたの諸民族の地球的やり方になじめず機能不全に陥り、その程度いかんでは意図する奉仕が阻《はば》まれるような心的複合体のはたらきの構成に、ある程度取り込まれている人もたくさんいます。

質問者　**あなたは普段よりゆっくり話されていますが、それには理由があるのでしょうか？**

ラー　私はラー。この媒体はどこか儚《はかな》げですが、生命エネルギーは屈強です。しかし、現時点では充分に機能しているものの、通常よりもややもろい状態です。痛みと呼ばれる身体的ゆがみは身体エネルギーの弱化をもたらすため、その影響が継続しないよう注意が必要です。媒体にダメージを与えることなく利用可能なエネルギーの蓄えを使用するために、私たちは通常よりもさらに狭い帯域で交信しているのです。

質問者　私が、より多くの奉仕の可能性を生み出す状況／条件をきちんと分析できているかどうかお伺いします。転生における振動的古参という位置づけ、ならびに**ワンダラー**たちの流入は、現在この惑星の地表にいる人々の極性化を大いにうながし、より霊的な性質のものに向かう心的構成を大いに増加させています。こうした状況は、奉仕を行うためにより好ましい環境をもたらす要因の一つであると推測されます。それで正しいでしょうか？

ラー　私はラー。それで正しいです。

質問者　物質的な第三密度の惑星の加熱効果による変化や、いわゆる超常現象を起こす能力をもつ人々の存在など、私たちの第四密度への移行とともに生じているこうした変化は、より大きな探求を生み出す触媒として働くのでしょうか？

ラー　私はラー。これは部分的に正しいです。そうした超常現象は、探求を増加させるよう意図されたものではなく、もちまえの振動的構成によって知的無限への入口《ゲートウェイ》に接触できるようになった人／存在の発露になります。超常的奉仕の提供が可能な人／存在たちが、そのように奉仕することを意識的に決める場合もありますが、それは超常的能力ゆえではなく、その人／存在とその自由意志の働きゆえにほかなりません。

あなたの意見の正しい部分は、こうした多くの変化によって奉仕の機会が増えるということです。そうした変化はあなたがたの幻影の中で、大勢の人々に幾多のチャレンジや困難や一見苦痛と思われるものを与えますが、その結果人々は、誤解をおそれずに言えば、自分たちの惑星の物理的リズムが失調した理由を理解しようと努めるようになるのです。

さらに、あなたがたの好戦的な行動に向かう蓋然性／可能性の渦が存在しています。これらの渦の多くは核戦争ではなく、それより殲滅性は低いもののより長期にわたる、いわゆる〝従来型〟の戦争のものです。

あなたがたの幻影の中にこうした状況が形成された場合にも、探求と奉仕のための多くの機会がもたらされることになるでしょう。

質問者　従来型の戦争は、どのように探求と奉仕の機会をもたらすのでしょうか?

ラー　私はラー。あなたがたの大陸や地球の多くの部分が、ゲリラ戦に例えられるような武力衝突にまきこまれる可能性/蓋然性が存在しています。統制されたファシズム、あるいは同様に厳しく管理された物資全般の社会的共有といういわゆる侵略勢力からの自由解放の理想は、自由と統制の対比に内在する大きな極性化についての熟考を大々的にうながすでしょう。この時間/空間連結体で検討されている目下のシナリオでは、貴重な拠点や人員を抹消する考えは有益であるとは見なされません。あなたがたの核兵器のようには破壊力をもたない他の兵器が使われるでしょう。この進行中の闘争においては、自由の光は、それに向かう極性化が可能な心/身体/霊複合体の中で燃えあがるでしょう。自由への愛を公然と表現する機会にとぼしいことから、内なる知識の探求は、この球体に対する使命感をいだく**悲しみの兄弟姉妹**の存在たちの助けをかりつつ根をおろすでしょう。

質問者　影響を及ぼしうる二つの触媒があるようですが、問題はどちらが先に作用するかではないかと。エドガー・ケイシー氏によるいわゆる予言は、地球の変化を多く示唆していますが、そうやって未来を描写する仕組みが気になります。ラーが時間の一部ではないことはかねがね伺っていますが、それでも私たちは可能性/蓋然性の渦に関心があるのです。ですが、予言がなされる仕組みはとても理解できません。地球の変化やそうしたシナリオについて、ケイシー氏が行なったような予言にはどんな価値があるのでしょうか？

ラー　私はラー。買い物客が、あなたがたの言う〝一週間〟分の食料を購入しようと食料品店に出向いています。若干の品目が並べられている店舗もあれば、さまざまな品目がバリエーションゆたかに並べられている店舗もあります。私たちが可能性／蓋然性の渦についてお話しするのは、それらが店頭の缶詰、瓶詰などといった、商品の一部のようなものであるのを理解した上で質問がなされたときに限ります。

あなたがたの時間／空間を精査《スキャン》してみても、あなたがたの諸民族がどの店で買い物をするのか（ケイシーの店なのか、他の店なのか）はわかりません。私たちにできるのは、選択可能ないくつかの品目を挙げることだけです。エドガー・ケイシーと呼ばれる人物が読み上げた〝記録〟も、それら同様に有用です。この資料は、もっとも強い渦に注意が向けられており、ほかの可能性／蓋然性の渦に関する知識は少ない傾向にあります。私たちにも同じ渦が見えますが、それ以外にもたくさんの渦が見えています。エドガーの資料は、あなたがたの百箱の冷たいシリアルに例えられ、別の渦は、朝食向きの別の製品の三個、六個、あるいは五〇個に例えることができます。あなたが朝食をとることはほぼ確実ですが、メニューはご自分で選んでいただくことになります。

あなたがたは、予言の価値は可能性を示唆することだけにあるのに気づく必要があります。さらに、私たちの愚見では、あなたがたの時間／空間からであろうと、私たちのようにいわゆる外側の次元からであろうと、時間の測定値を示すことがかなり困難であることをよくよく考慮しなければなりません。したがって具体的な言葉で示された予言は、その発生が予想される空間／時間連結体よりも、予知された可能性の内容や種類のほうがよほど興味深いものと思われます。

質問者　つまり二つの異なる触媒が、現在のものよりもっと優れた、探求のための環境をつくり出すという明かな可能性があるわけですね。とくに地球の変化というシナリオのほうは、多くの集団がさまざまな理由をつけてそうした変化を予測してきているため、多大な混乱が生じそうです。このタイプの触媒の有効性と、来たるべき変化について事前にかなり広く周知がなされていること、またそうした変化についての説明が多岐にわたっていることに関してコメントをいただけますか？

ラー　私はラー。惑星自身が惑星である自己の、第四密度への困難きわまる出生を表現しているとする可能性／蓋然性の渦がどれほど強大であるかを考えると、この渦を知覚できる空間／時間に何らかのアクセスができる人が多くないとしたら、それはたいへん驚くべきことです。先の譬《たと》えで言えば、この冷たいシリアルが食料品店の店頭で占める量は不釣り合いなくらい大量です。どの予言者もそれぞれ独自のレベル、立場、または振動的構成から予言を行うため、予言の多くに偏見やゆがみがともないます。

質問者　つぎの二十年のシナリオは、探求の増加や、自然な創造世界への意識の高まりと同時に、すさまじい混乱を生み出そうとしているように思えてなりません。**ワンダラー**の多くは、この混乱を軽減することを目的として転生してくるのでしょうか？

ラー　私はラー。**ワンダラー**の目的は、求められた方法でこの惑星の人／存在たちに奉仕することであり、彼／彼女らの振動／波動パターンによって惑星の全体の振動を軽くし、惑星の不調和の影響を改善し、その不調和の余波を軽減することです。

まだもって顕在化していない状況を支援するなどという意図は、**ワンダラー**の目的ではありません。光と愛は、求められ必要とされるところに赴くのであって、めざす向きが前もって計画されることはありません。

質問者　ならばここにいる**ワンダラー**たちは、それぞれが惑星全体の意識を支援するために、自分の極性を伝えたり、暗示したりするのに相応しいと思われる、何らかの方法で培ってきた偏向／傾向にしたがって行動していると言えそうです。おそらく電気的な極性やバッテリーの充電のように、彼／彼女らの振動（波動）が何らかの形で惑星に付加されるだけでそれが助けにつながるような物理的な方法があるのでしょうか？　**ワンダラー**は物理的に存在するだけで惑星を助けることになるのでしょうか？

ラー　私はラー。それで正しいですし、メカニズムもあなたのおっしゃるとおりです。私たちは前の回答の二番目のくだりでこの意味合いを意図していたのです。

ここで指摘しておきたいのは、他の人／存在たち同様に、どの**ワンダラー**にもそれぞれ固有の能力や偏向／傾向や得意分野があり、**ワンダラー**たちの間で表される各密度の部分から、転生以前からのさまざまな才能がもたらされており、それらはのちのち、あなたが目下体験中のこの次元で表現される可能性があるということです。したがって、どの**ワンダラー**も、転生前に奉仕を申し出る際には、惑星の愛と光の倍増効果、または道しるべや導き手としての役割という基本的機能に加えて、提供可能な何らかの特別な奉仕をたずさえているのです。

たとえば、叡智を表現する能力に長けた第五密度からの**ワンダラー**がいれば、愛と愛／光のいわば受動的な放熱器《ラジエータ》または放送局としての奉仕能力が計り知れない第四と第六密度からの**ワンダラー**がいるというようにです。他にも大勢の**ワンダラー**がいて、この密度にまことに多種多彩な才能をもたらしています。

このように**ワンダラー**はひとたび忘却が看破されると三つの機能をもちますが、最初の二つは基本的な機能であり三つめはその特定の心／身体／霊複合体に固有なものになります。

可能性／蓋然性の渦を熟考していて気づいていただきたいのは、たとえ食料品店の店頭に不安や苦痛をひき起こし、それゆえ探求と奉仕の機会をもたらす品目が山ほど置かれていたとしても、そこにはかならず、平和、愛、光、そして喜びのつまった容器が一つは見つかるということです。この渦はごくごく小さいものかもしれません。しかしそれに背を向けることは、今のこの瞬間の無限の可能性を忘れてしまうことと同じです。あなたはあなたがたの惑星は、ある申し分のない、強烈なひらめきの瞬間に、一気呵成に、調和への極性化を成し遂げることができるとお思いですか？　できますとも、友よ。それは一見ありそうもないようで、じつは、じゅうぶん可能なことなのです。

質問者　ポジティブな心／身体／霊複合体とネガティブな心／身体／霊複合体の、両方が混在する惑星からの混合収穫は宇宙ではどれくらい一般的なのでしょうか？

ラー　私はラー。心／身体／霊複合体の収穫をもたらす惑星規模の収穫は、その約10％がネガティブ、約60％がポジティブ、そして約30％が混合です。混合収穫の場合、ふつうその大部分がポジティブで、大部分がネガティブであるものはほとんど知られていません。惑星が強くネガティブに傾くと、収穫に値するポジティブへの極性化の機会はほとんどなくなります。

質問者　その場合、どうしてそうした機会がなくなるのか教えていただけますか？

ラー　私はラー。ポジティブに極性化するには、自己決定力がある程度必要になるからです。

質問者　そして周期がいよいよ終わりに近づき、収穫がまさにいま、今日にも行われるとしたら一定数がポジティブに一定数がネガティブに収穫され、そして一定数のリピーターが出ることになるでしょう。私は、今から実際の収穫までの間に体験される触媒のおかげで、収穫に値する人／存在の数は増えるものと見ています。

とくにこの惑星に関してではなく、収穫の一般的な経験についてお訊ねしたいのですが、このような最終期間に生じる触媒のおかげで見込まれる、収穫に値する人／存在の増加はどれくらいになると論理的に推定できるのでしょうか？　それとも、混合収穫に臨むほかの惑星でも収穫期の終わりに触媒の追加がある、という考え自体がそもそも間違っているのでしょうか？

ラー　私はラー。混合収穫ではほとんどの場合に不調和が存在するため、あなたがたの言う〝地球の変化〟の形で触媒が追加されます。この推測においてあなたは正しいです。

惑星連合の願いは、この触媒の追加によって、探究がよりいっそう深まるであろう人たちに奉仕することです。私たちは収穫人数の予測が適切なことであるとは考えていません。私たちは奉仕するものです。呼ばれれば、力のかぎり奉仕します。収穫人数を数えることに意味はありません。

質問者　そのとき、周期の終わりに追加された触媒は、とくに惑星にやどる意識の方向性のはたらきです。その意識は、それ自身がそれ自身を方向づけたようにその思考を方向づける触媒をそれ自身に与えています。そのためそうした媒体は、身体の痛みや病気の触媒が一個人の心／身体／霊複合体に作用するのと同じように作用します。私はこの類推を以前にも用いていますが、今回あらためて、〝惑星という実体は、何十億もの心／身体／霊複合体からなる一つの存在である〟という私なりの考えを明確にするためくり返しています。私のこの考え方は正しいでしょうか？

ラー　私はラー。あなたはたいへん正しいです。

質問者　では、これから私たちが扱うのは、私たちの一人を一存在と呼ぶことができるのと同様に、まだ社会的記憶は形成されていないけれども一存在である実体です。私たちは、銀河系の存在または惑星系タイプの存在とでも言うべきものに至るまで、そうした集合体的な存在に対してもこうした見方を貫くことができますか？　あるいはこんなふうに言わせてください。惑星系にある一つの太陽（恒星）を一存在として見、さらに何十億もの星をもつ主要な銀河を一存在として見ることはできますか？　私たちはこうした方法で予想を推し進めることはできますか？

ラー　私はラー。そうすることは可能ですが、第三密度の空間／時間の枠内では不可能です。

この興味深い題材についてお話ししてみましょう。あなたがたの空間／時間において、あなたをはじめあなたがた人間は、子宮の中にいるものの親なのです。あなたの言うところの**地球**は、生まれ出る準備はととのっていますが、分娩がスムーズではありません。その存在が誕生したとき、それは第四密度ポジティブとなった両親の社会的記憶複合体を本能的に携えています。その密度には、より壮大な視界が広がっています。

そしてあなたは自分ともっとも密接な関係にある**ロゴス**つまり太陽との関係がわかるようになるかもしれません。これは親と子との関係ではなく、**創造主**（つまり**ロゴス**）と**創造主**（つまり**ロゴス**としての心／身体／霊複合体）との関係です。このことに気づくと、あなたの〝視野〟は無限に拡大し、一つの創造世界の全域にあまねく存在する**ロゴス**の部分を認識し、その広大かつ未知の領域において親たちが彼／彼女らの惑星の進化を助けているのを、直観を知らせる心の根で感じることができるようになります。じつにこのプロセスは、創造世界全体の進化のなかで何度も何度もくり返されているのです。

質問者　**ワンダラー**は忘却のプロセスを経験しています。いま第三密度の身体と第四密度の身体の両方が活性化されている人たちにはワンダラーのような忘却のプロセスはないとおっしゃいました。それでは、かりに第六密度の**ワンダラー**が第三密度の身体を活性化させてここにいるとします。彼／彼女は第四密度の忘却、第五密度の忘却、第六密度の忘却というように、いわゆる密度ごとの忘却を経てきています。したがって第四密度の身体が活性化されると一部の記憶が戻り、第五密度の身体が活性化されると別の一部の記憶が戻り、第六密度の身体が活性化されるとさらに別の一部の記憶が戻るというかたちで、最終的にすべての記憶が完全に戻ることになるのでしょうか？　これでつじつまは合いますか？

ラー　　私はラー。いいえ。

質問者　ありがとうございました。

収穫されてここにいる第四密度が活性化された人たちは、**ワンダラー**のような忘却の問題をかかえていないとおっしゃっていたので、忘却のプロセスに関して混乱しています。**ワンダラー**たちが記憶をうしなう理由を教えていただけますか？

ラー　　私はラー。理由は二つあります。一つは、心／身体／霊複合体と身体の細胞組織構造を結びつける遺伝的性質が、第三密度と第三／第四密度とでは異なっていることです。

二つめは、第三密度の人／存在の自由意志が保持される必要があることです。そのために**ワンダラー**は、心／身体／霊複合体が第三密度の遺伝子／ＤＮＡにつながることを志願するのです。忘却のプロセスは、**ワンダラー**が自分が何者であるか、なぜこの惑星球体にいるのかを思い出す程度までなら看破することができます。しかし、**ワンダラー**が忘却を看破して、より高密度の身体を活性化させ、まるで神のように生きることができてしまったら、それこそ侵害をきたすことになるのではないでしょうか。それは奉仕の道を選んだ人たちに相応しいことではありません。

さまざまな新しい能力を発揮できるようになりつつある新しい第四密度の人／存在たちは、記憶の結果ではなく、現在の体験の結果そうなっています。つねに一部に例外はありますが。私たちの一般化がすぎる表現が頻発していることをどうかご容赦ください。

質問者　この質問が、私が理解したいことに関連するか定かでないのですが、お訊ねしてみて結果を見させていただければと。ピラミッドについて話されたとき、達人が自己と出会うために共鳴室が使用されたとおっしゃいましたが、それはどういう意味なのか教えていただけますか？

ラー　私はラー。人は在り方の中心ないし深奥で自己と出会います。いわゆる共鳴室は、肉体の埋葬と復活の象徴と見なすことができます。そこでは人／存在が自己に対して死に、この見かけ上の喪失と本質的な受益の認識に向き合うことを通して、変容し、新しく生まれ変わるのです。

質問者　この見かけ上の死を、第三密度の幻影である日常的願望を手放し、他者への全面的奉仕の願望を抱くことに譬えることはできますか？

ラー　私はラー。あなたは明敏です。それが、この部屋の目的であり意図であり、**王の間**の位置の有効性に不可欠な部分を形成していたのです。

質問者　人／存在にこうした気づきをもたらすために、この部屋がじっさい何をしたのか教えていただけますか？

ラー　私はラー。この部屋は、当人の心《マインド》と身体に働きかけましました。心《マインド》は感覚の遮断と、自己が生き埋めにされ脱出不可能になることに対する典型的な反応の影響を受けました。身体は心的構成と、共鳴室の構築に使用された素材の電気的および圧電的特性の両方の影響を受けました。

これがこのワークでの最後の質問になります。この時点で簡単な質問があれば、お答えいたします。

質問者　私たちが媒体をもっと心地よい状態にしてあげるために、あるいはこの交信を向上させるために何かできることがあれば教えてください。

ラー　私はラー。私たちは、この媒体がよくサポートされており、すべてが順調であると感じています。媒体の痛みに向かうゆがみに各自が注意していてください。この媒体はそうした表現の共有を厭いますが、支援グループとしてのそれぞれの人／存在からの援助は無意識のうちに受け入れています。すべてがよく整っています。あなたがたは良心的です。私たちはそうしたことに感謝しています。

私はラー。友よ、私は今、一**なる無限の創造主**の愛と光に喜んであなたがたをゆだねます。ですから、一**なる無限の創造主**のパワー、そして平和のもとで嬉々として前進してください。アドナイ。

session 66

セッション

August 12, 1981

ラー　私はラー。私は**一なる無限の創造主**の愛と光のなかから親愛のごあいさつを送ります。私たちは今から交信します。

質問者　結晶化した癒し手／ヒーラーによる癒しのメカニズムについて調べてみたいと思っています。私の考えを述べますので、それを修正していただければと思います。

ヒーラーが自身のエネルギー中枢のバランスをととのえ、詰まりを除去すると、彼／彼女は、ある意味ピラミッドの作用よろしく、なんらかの方法で光の収集や集中を行う者として、左手で光を集めて右手から放出することができるようになります。その光はどういうわけか、癒される人／存在の身体の第一チャクラと第七チャクラの振動性の覆いに浸透し、エネルギー中枢の再調整を可能にします。

私はこの意見が完全に正しいとは思っていません。それどころか、かなりずれているかもしれません。つじつまが合うように調整していただけませんでしょうか？

ラー　私はラー。結晶化したヒーラーとピラミッドの**王の間**の位置の作用が似ているという推測は正しいです。

私たちがここで提案したい修正がいくつかあります。まず、使用されるエネルギーは、極性化した状態で使われる伸ばした手によって、ヒーラーの場の複合体にもたらされます。しかし、このエネルギーはさまざまなエネルギーポイントを通って脊柱基部、そしてある程度は足元まで循環します。つまり、それはヒーラーの主要なエネルギー中枢、そして足を通って螺旋状に流れて赤色のエネルギー中枢に至り、そこから黄色のエネルギー中枢の螺旋へと向きを変えて進み、**王の間**のプラーナのエネルギー構成の小宇宙である緑色の中枢を通過します。そして、三番目の螺旋のために青色のエネルギー中枢を通過し、そこから入口《ゲートウェイ》を通って知的無限に戻されるのです。

癒しのプラーナは、緑色のエネルギー中枢から極性化された癒しの右手に移動し、そこから癒される人に入り込みます。

黄色光線の構成を使ってエネルギーを伝達する人もいるようです。それも可能ではありますが、効果については疑問がぬぐえません。また、ヒーラー、癒しのエネルギー、癒しを求める人／探求者の関係についても、あなたの言う防護の殻へのエネルギーの浸透不足のため真の癒しが行われないような、ヒーラー不在のエネルギー伝達を、癒しを求める人／探求者がなおも要求しつづける傾向があるため疑問がのこります。

質問者　第五密度や第六密度からの**ワンダラー**がこうしたヒーリングを試みても、ほとんどあるいはまったく効果が得られないことがあります。**ワンダラー**が失ったものと、彼／彼女らが治癒能力を復活させるためには特定の能力やバランスを取り戻す必要がある理由を教えていただけますか？

ラー　私はラー。**ワンダラー**たちを、あなたがたの諸民族の音声複合体を言語化しようとしている幼児であると考えてください。コミュニケーション能力の記憶は、幼児の未発達な心複合体にも内在していますが、いわゆる発話や実践能力は、彼／彼女らが現世体験のためにその一部になることを選んだ心／身体／霊複合体の制約ゆえに、すぐに得られるわけではありません。

それは**ワンダラー**についても同様で、たとえ故郷の密度ではあらゆる調整が容易であったことを記憶していても、第三密度にいるうちは、選んだ体験の制約ゆえに、その記憶を顕在化させることができないのです。第三密度において首尾よく癒しを行える可能性は、第三密度出身者より**ワンダラー**のほうが大きいのですが、それは彼／彼女らの奉仕への願望がより強いところへもってきて、癒しという奉仕の手段が選択されるからにすぎません。

質問者　ほかの第三密度の惑星から収穫されて、活性化された〝第三密度と第四密度の二重の身体《ダブルボディ》〟をもつタイプの人たちについてはどうでしょう？　彼／彼女らは私たちが論じてきたような手法で癒しを行うことができますか？

ラー　私はラー。多くの場合できるのですが、第四密度に関しては駆け出しですから、そういう願望をもたない可能性もあります。

質問者　では、そういう願望をもつ**ワンダラー**がいるとして、第三密度にいわば囚《とら》われながらも、癒しの手法を学ぼうとしていると仮定します。その場合、彼／彼女は主としてエネルギー中枢のバランスをとることと、詰まりを除去することに関心を向けるように思います。この推測は正しいでしょうか？

ラー　私はラー。それで正しいです。ヒーラーは、自分自身のバランスがとれていてはじめて他の自己のバランスをとるためのチャネルになることができます。別の言い方をすれば、癒しは、まずは自己に施されるべきものなのです。

質問者　さて、ヒーラーが癒すために接した他の自己が、触媒のプログラミングによって、癒しが必要と見なされる状況をつくり出している場合があります。プログラムされた触媒による状態にヒーラーが働きかけて癒すということは、どのような状況や影響をもたらすのでしょうか？　こうしたヒーリングにおいて、プログラムされた触媒は、癒される側が、それをプログラムした際自分に気づかせたかったことに気づくことができるという点で有用であると思うのですが、それで正しいですか？

ラー　私はラー。完全に間違っているとは言えませんが、あなたの考えには、触媒の体験的な使用の流れにおいて、一見わかりにくい頑《かたく》なさがあります。

ヒーラーの役割は、エネルギー中枢の再調整ないし再調整を助ける機会や、心と身体、霊と心、または霊と身体のエネルギー間に何らかのつながりをつくる機会を提供することです。ただし、霊と身体のエネルギー間の提供はかなりまれです。

そのとき癒しを求める人／探求者は新しい自己観である、エネルギーの流入パターンのことなった配置を受け入れる互恵的な機会を得るでしょう。人／存在が、どのレベルであれ、癒しが必要に思われるゆがみの構成に留まることを望んでいるのであれば、そうすることになるでしょう。一方、人／探求者が新たな構成を選ぶ場合には、それは自由意志によってなされます。

ほかの（黄色光線の構成を使う）エネルギー伝達の形態には、自由意志のプロセスを貫くことができないという一つの大きな難題があります。それは自由意志のプロセスがもともと黄色光線に具《そな》わったものではないためです。

質問者　哲学的に見て、心／身体／霊複合体がいわゆる心的構成によってそれ自身を癒すことと、ヒーラーによって癒されることの違いは何ですか？

ラー　私はラー。あなたは思い違いをしています。ヒーラーが癒すのではありません。結晶化されたヒーラーは知的エネルギーのチャネルであり、人／存在がみずからを癒す機会を提供するのです。

いかなる場合でも、それ以外の癒しの説明はありません。したがって、ヒーラーが前もって助けを求めていない人にあえてアプローチすることでもないかぎり違いはありません。このことはあなたがたの文化圏のより一般的な癒し手にも当てはまります。もしこれらの癒し手が、自分たちの責任は、癒しの機会を提供することだけにあるのであって、癒しには責任がないことを完全に理解することができれば、彼／彼女らの多くは、それまであやまって認識されてきた〝責任〟という大きな重荷が肩からおりるのを感じるでしょう。

質問者　ならば、癒しを求める心／身体／霊複合体は、場合によってはその後、集められて集中のなされた光エネルギーの源をさがし求めることになるかと思います。その源は、この目的のためにじゅうぶん結晶化の進んだ別の心／身体／霊複合体であったり、ピラミッド型であったり、またはこれら以外の何かであったりするかもしれません。それで正しいですか？

ラー　私はラー。それらは人／存在が癒しを求める方法の一部です。はい、それで正しいです。

質問者　人／存在が癒しを求めることのできるそれら以外の方法を教えていただけますか？

ラー　私はラー。おそらくもっとも偉大なヒーラーは自己の中に在り、これまでお勧めしてきたように、瞑想を継続することでその力を引き出せる可能性があります。あなたがたの諸民族が利用できる多くの癒し／ヒーリングの形態はそれぞれに効力があり、それによって身体的ゆがみや、心／身体／霊複合体のさまざまな部分どうしのつながりを改善させたいと願う人／探求者たちにとって適切なものと見なされる可能性があります。

質問者　私はフィリピン諸島のとある地域で心霊手術と呼ばれる活動を数多く見学してきました。私はそうしたヒーラーたちは癒される側に、体験を補うことにより、心の再構成をうながす方法を提供しているのではないかと思います。というのも、比較的素朴な患者はヒーラーの施術で物質化された血液などを目にした結果、癒しが行われたと信じるように心の根を再構成し、それによって自分自身を癒すからです。私のこの分析は正しいでしょうか？

ラー　私はラー。正しいです。こうした種類の機会についてもうすこし詳しくお話ししましょう。

変えるべき症状が、当人にとって感情や心、または霊的な関心事ではなく、たまたま遺伝的配置によって生じただけのものである場合があります。このような場合は、いっけん非物質化されたものは非物質化したままで、誰しもそのように観察します。一方、感情や心、または霊的な負荷をともなう症状は、観察する側に客観的な参照物を示すという意味で、非物質化されたままでない可能性があります。しかし探求者がそうした機会にあずかる場合では、その身体複合体の好ましくない見かけはあなたがゆがみと呼ぶ実際の健康状態とくいちがい、客観的参照物が影響を示すゆがみも経験されないことになります。

この媒体の例では、三つの小さい嚢胞の摘出は、彼女にとって関心のないものの除去でした。そのためいわゆる心霊手術を体験した後も、それらのできものは非物質化したままでした。別の心霊手術では、この媒体の腎臓が新しい在り方の構成を慎重にさし出され、彼女はそれを受け入れました。しかし心／身体／霊複合体のこの特定部分には、そのゆがんだ機能が特定の事象の組合わせにおいて大病を引き起こしているため、感情、心、そして霊的な面で大きな負荷がかかっています。それが彼女をして、奉仕の道をあゆむという意識的決断に至らしめたわけですが……。したがって、この人／存在の腎臓複合体を客観的に精査《スキャン》すると、あなたの言う心霊手術の体験前のかなり極端な機能不全の様相が示されることになると思われます。

重要なのは、見る側に対してゆがみの非物質化を継続させることではなく、時間／空間に存在する新たに物質化された構成を選択することなのです。

質問者　直前のコメントの〝時間／空間に存在する構成〟を説明していただけますか？

ラー　私はラー。癒し《ヒーリング》は、心／身体／霊複合体の時間／空間の部分で行われ、〝形づくるもの〟であるエーテル体に採用されてから、活性化された黄色の心／身体／霊複合体で使用するよう空間／時間の物質的／

物理的な幻影に与えられます。あなたが健康と呼ぶものの鍵となるのは、空間／時間で起こるいかなる事象でもなく、時間／空間においてエーテル体があなたが健康と呼ぶ構成を採用することなのです。このプロセスで、あなたはあなたが意志と呼ぶものの次元を超えた側面を見る可能性があります。なぜなら藍色の身体に新たな構成を使用させ、空間／時間に存在する身体を大きく改善させるのは、当人／存在の意志と探求と願望にほかならないからです。これは瞬時に、時間と関係なく起こると言えるでしょう。

幼い子供／存在のヒーリングでは、その子供の関与はなく明らかにヒーラーが癒しを起こしているかに見えることが多々あるかもしれませんが、これは決してそうではありません。というのも時間／空間での心／身体／霊複合体は、当人／存在のいわゆる見かけの年齢に関係なく、体験のために選択するゆがみを常にみずから意志決定することができるからです。

質問者　**そうやって時間／空間にまで至る願望や意志は、癒される本人／存在だけの働きなのか、それとも結晶化されたヒーラーの働きでもあるのでしょうか？**

ラー　私はラー。これは**創造主**の働きであることを、この場を借りておつたえしましょう。もっと具体的にお答えしますと、結晶化されたヒーラーには意志がありません。彼／彼女は〝すべては一つであり、**創造主**は**それ自身**を知るプロセスにある〟ということに気づいているため、結果に執着することなく機会を提供することができるのです。

質問者　ならば、癒しを求める人の心／身体／霊複合体に、癒しへの強い願望がなければ癒しは起こらないというのは正しいでしょうか？

ラー　私はラー。それで正しいといえるレベルもあります。意識的に癒しを求めていなくても、癒しから生じる新たな一連のゆがみを体験する必要性に、無意識のうちに気づいている場合があります。同様に、たとえ意識的に癒しを強く求めていても、存在のあるレベルで大きくゆがんでいるかに見える特定の構成が、じつはその存在の別のレベルでは適切と見なされる何らかの理由があることを見出す場合もあるのです。

質問者　ゆがみについて、それらが適切であるかどうかは、当人／存在が望ましい極性で進化の道をあゆむという究極の目的に達するのを助けているかどうかで決まると推測しますが、それで正しいですか？

ラー　私はラー。それで正しいです。

質問者　そうしますと、他者への奉仕における自分の極性を自覚した人／存在は、自分がそうした理解に至るために選択したゆがみのせいで、満足のいく奉仕ができない／できなかったという逆説的状況におちいる場合があります。しかしそうした場合でも、メカニズムに気づいている人／存在であれば、その時点で瞑想をとおして、身体的ゆがみを軽減するのに必要な心的構成を理解することは可能で、それによって他者へのより大きな奉仕も可能になるのではないでしょうか。私はこの特定の連結体で、そう考えていて大丈夫でしょうか？

ラー　私はラー。あなたは正しいです。しかし、ゆがんだ身体複合体パターンのプログラミングには、往々にして複雑な理由があることを指摘しておきます。いずれにせよ常に瞑想は自己を知るための助けになります。

質問者　瞑想する際、脊柱を垂直にする姿勢は有益でしょうか？

ラー　私はラー。いくらか有益です。

質問者　顕在化していない存在のさまざまな体のエネルギー中枢のバランスにかかわる、体内の極性を挙げていただけませんでしょうか？

ラー　私はラー。この質問には、私たちが評価している多くの考えがふくまれています。この質問自体が、この特定の題材についての考察を助けるかもしれません。顕在化していない自己はそれぞれにユニークです。基本的な極性は、最初の三つのエネルギー中枢の間、それほどではない程度でそれら以外の各エネルギー中枢間の、バランスのとれた振動数や関係性にかかわっています。

もうすこし具体的にお答えしてもよろしいでしょうか？

質問者　よろしければ次回のセッションで、そのあたりをさらに敷衍《ふえん》していただければと思います。そして、ここでは二つめの質問をさせていただければと思います。

原型的な心《マインド》の構造と内容はどのようなもので、個々の心／身体／霊複合体の直観と意識に、どのように情報を与えるのか教えていただけますか？

ラー　私はラー。私たちがこうした概念を提供したのは、それらの考察をとおして自己についての知識を深めていただきたいからです。とくに後者の質問については、私たちはそのための演習の受講生たちにこの題材についての意見を訊いたうえで、こうした質問をさらに洗練されたものにする手段を提案できればと思っています。私たちはむしろそのような形でより役に立てるのではないかと思っています。

質問者　どんなピラミッド型も、頂点からエネルギーを与える螺旋が出ており、これを30分までなら、頭の下に置くことで効果が得られるとおっしゃいました。この三番目の螺旋がどのように役立つのか、それを受け取っている人／存在をどのように助けるのか教えていただけますか？

ラー　私はラー。当人／存在の身体的な乗りものに、エネルギーの増加に向かうゆがみを体験させる物質が取り込まれる可能性があります。それらの物質は粗く、身体複合体にかなり荒っぽく作用してアドレナリンの分泌を増加させます。

ピラミッドの、エネルギーを与える螺旋がもたらす振動は、それにより空間／時間と時間／空間の両方で、各細胞がまるであなたの電気に接続されたかのように充電されるというものです。心の鋭敏さ、身体の肉体的・性的エネルギー、霊的意志との同調はすべてこの、エネルギーを与える力の影響を受けます。それはそうした用途のいずれにも使用できますが、過充電になる可能性があるため、こうしたピラミッド・エネルギーを使う場合は、充電を終えたらすぐにピラミッド型を取りのけるよう私たちは注意をうながしています。

質問者　頭の下に置く小さなピラミッド型には、最適な素材や大きさがあるのでしょうか？

ラー　私はラー。ギザのピラミッドでのような螺旋をえがく比率を有しているのを前提に、頭の下で使用するには、ピラミッド型の全高が、頭用のクッションの下に置いても違和感が生じない程度のものがもっとも適切であるといえるでしょう。

質問者　最適な素材についてはいかがでしょうか？

ラー　私はラー。より適切な素材はありますが、あなたがたの取引システムではかなり高価です。しかしだからといって、以前に述べた物質に比べてとりたてて優れているわけではありません。ゆいいつ不適切な素材は卑金属です。

質問者　ギザのピラミッドの**王の間**における作用の問題点を話されていましたが、ギザのピラミッドと同じ幾何学的配置にするとしても、頭の下に置くピラミッド型には王の間の放射ではなく、頂点から放射される3番目の螺旋だけを使うのですからまったく問題はないものと考えていますがいかがでしょうか。また、もう一つお訊ねしたいのは、60°の頂角を使うほうが、それより大きな頂角より好ましいのかということです。60°の頂角はすぐれたエネルギー源になるのでしょうか？

ラー　私はラー。ギザのピラミッドは、頂角を通したエネルギーを得るための秀逸なモデルです。ピラミッドの大きさについては、一寸法師ももぐり込めないくらい充分小さいものであることは確かめておいてください。

質問者　どうもこのエネルギーつまり螺旋状の光エネルギーは、なんらかのかたちで身体のエネルギー場に吸収されるのではないかと思っています。これは藍色のエネルギー中枢と何らかのつながりがあるものと推測しますが、それで正しいですか？

ラー　私はラー。正しくありません。このエネルギーには、身体複合体の場の中を移動して空間／時間の身体の各細胞を照射し、それが済むと、空間／時間の黄色光線の身体と密接に連携している時間／空間の同等物も照射するという特性があります。これはエーテル体や自由意志の働きではありません。これはあなたがたの太陽光線とよく似た放射であり、そのため注意して使用する必要があるのです。

質問者　30分以内であれば、一日に何回まで使用してよいでしょうか？

ラー　私はラー。ほとんどの場合一回までですが、エネルギーがとくにスピリチュアルな仕事に使われるようなケースであれば、時間を短縮した上で二回までなら試すことが可能です。しかし、いきなりだるさが生じたりした場合は、人／存在が放射を過剰に浴びた確実なサインとなります。

質問者　このエネルギーは、身体的ゆがみを癒す何らかの助けになりますか？

ラー　私はラー。直接的なヒーリングにじかに適用されることはありませんが、瞑想と併用すれば、一定の割合で瞑想を助ける可能性があります。多くの場合、疲労の緩和や、肉体的ないし性的活動の活性化にたいへん有効です。

質問者　第三密度から第四密度への移行には、私たちが現在体験しているタイプのほかに二つの可能性があります。それらは、完全にポジティブに極性化された収穫の可能性と完全にネガティブに極性化された収穫の可能性で、どちらも宇宙の他のどこかでもくり返し起こっているものと私は考えています。完全にネガティブに極性化された収穫では、ネガティブに極性化された惑星全体が第三密度から第四密度へ移行します。そうした惑星もまた、現在の地球が移行の前に体験している病気のゆがみを経験するのでしょうか？

ラー　私はラー。あなたは明敏です。ネガティブな収穫はすさまじい不調和であり、惑星はそれを表現することになります。

質問者　この惑星は、第三密度の終盤に特定の状況の揃いを有していますが、第四密度の初期では状況がことなります。ネガティブに極性化された惑星の例を挙げていただき、その第三密度の終盤と第四密度の初期の状況がどう変化するのか教えていただけますか？

ラー　私はラー。第三から第四密度への振動の変化は、ネガティブに極性化された惑星においても、ポジティブに極性化された惑星とまったく同じように起こります。第四密度ネガティブにも、あなたがたもよくご存知の多くの能力と可能性があります。第四密度はより密度が高く、心／身体／霊複合体の真の振動を隠すことがここよりはるかに難しくなります。このことは第四密度ポジティブにも第四密度ネガティブにも、社会的記憶複合体を形成するチャンスを与えます。また、ネガティブな方向性をもつ人／存在たちには、他者に対して力を示威したり自己に奉仕したりするための、異なったパラメータの揃いを得る機会を与えます。振動に関するかぎり条件はかわりません。

質問者　私は収穫直前の第三密度ネガティブと、収穫直後または移行期の第四密度ネガティブにおける、身体的なゆがみ、つまり病気などといったものの量に関心があります。第三密度ネガティブの終盤では、身体的な問題や病気などの状況はどのようになりますか？

ラー　私はラー。どの惑星の体験もそれぞれにユニークです。第三密度の終盤におけるネガティブな人／存在たちにとっては、惑星意識のネガティブ性に対する地球の反応よりも、いわゆる好戦的行動の問題のほうが差し迫った関心事である可能性が高いと言えます。なぜなら多くの場合、必要なネガティブな極性化は、そのような世界規模での戦闘行為によってもたらされるからです。

第四密度の発生にともない、新しい惑星と新しい身体的乗りものの体系が徐々に表現されていき、好戦的行動のパラメータは、顕在化した武器／兵器ではなく思考によるものになります。

質問者　では、この惑星で知られるような身体の不調や病気は、むしろ第四密度ネガティブに収穫される前の第三密度ネガティブの惑星で広く見られるのでしょうか？

ラー　私はラー。第四密度ネガティブが、収穫の選択肢としていよいよ優勢になると、収穫に値する第三密度ネガティブの人／存在の特徴である〝自己に対する極端な関心〟ゆえに、あなたが言うような身体複合体のゆがみはあまり見られなくなります。肉体面にさらなる注意が払われ、精神面でも自己を鍛える手段がつぎつぎ提供されます。これは甚大な利己心と自己規律に向かう姿勢です。怒りなどのネガティブな感情による心複合体のゆがみが関係するタイプの病気の事例も依然として存在しますが、収穫に値する人／存在の場合、このような感情のゆがみは、怒りの対象に対して、表現的かつ破壊的な意味での触媒として使われる可能性がずっと高くなります。

質問者　私は、ポジティブとネガティブの両方の極性に関して、病気や身体的ゆがみがどのように生じるのかを理解しようとしています。それらは極性を分かつために何らかの方法でつくられ、第三密度における〟

はじめての極性化〟をもたらす働きをもつように思えるのですが、それで正しいですか？

ラー　私はラー。これは、正確には正しくありません。身体複合体や心複合体のゆがみは、極性化をうながす体験を必要とする人々に見られるゆがみです。こうした極性化は、進むべき道や極性をすでに選択している人／存在のものである可能性もあります。

ポジティブな方向性をもつ人／存在は、自己にあまり執着や関心がなく、他者への奉仕を重視するため、身体複合体にゆがみが生じる可能性が高くなります。また、極性化されていない人／存在では、身体的ゆがみの性質をもつ触媒はランダムに生成されます。そのとき期待されるのは、おっしゃるとおり〝極性の初めての選択〟です。とはいえこの選択はなかなか行われないのですが、それでも触媒は生成されつづけます。ネガティブな方向性をもつ人／存在は、自分の肉体をより入念に手入れし、身体的ゆがみに対峙できるよう心／精神を鍛える可能性がより高いと思われます。

質問者　私にとってこの惑星は、ゆがみの温床とでも呼びたくなるものです。これには身体の一般的な病気や不具合のすべてが含まれますが、そうした問題の全体量を平均的にとりあげた場合、この惑星はリストのかなり上位にくるのではないかと推測しますが、それで正しいでしょうか？

ラー　私はラー。これまでの資料をおさらいします。

触媒は人／存在に提供されます。もしその触媒が心複合体によって使用されなければ、それはろ過されて身体複合体につたわり、何らかの身体的ゆがみとして顕在化します。触媒がより効率的に使用されればされるほど、身体的ゆがみは少なくなります。

ワンダラーと呼ばれる人たちの場合は、第三密度の振動パターンに対処するのが生まれつき困難なだけでなく、故郷の振動ではそうした身体的ゆがみが必要ないことや、普通に経験されるものではないことをおぼろげながら記憶しています。

私たちはいつものように一般化がすぎています。転生前に決めたことが身体や心に制限やゆがみをもたらすケースも少なくありません。ともあれ私たちは、あなたが何らかの形の不幸に向かうゆがみが世にはびこっていることを問うているように感じています。たしかに第三密度のいくつかの惑星球体では、触媒がもっと効率的に使用されています。あなたがたの惑星球体の場合、触媒の使用が多分に非効率的であり、それゆえ身体的ゆがみが大量に見られるのです。

現時点では、もう一つ質問にお答えするのに充分なエネルギーがあります。

質問者　それでは、媒体をもっと楽な状態にしてあげるために、あるいはこの交信を向上させるために私たちに何かできることはないかをお訊ねしたいと思います。

ラー　私はラー。いつものように愛をこめて続行してください。すべて順調です。あなたがたは良心的です。

私はラー。私たちは今、**一なる無限の創造主**の愛と光にあなたがたをゆだねます。ですから、**一なる無限の創造主**のパワー、そして平和のもとで嬉々として前進してください。アドナイ。

{session《セッション》 67}

August 15, 1981

ラー　私はラー。**一なる無限の創造主**の愛と光のなかから親愛のごあいさつを送ります。私は今から交信します。

質問者　**最初に、媒体の状態を教えていただけますでしょうか？**

ラー　私はラー。生命力は前回お答えしたときよりも、この人／存在の正常なゆがみの量に近づいていきます。身体複合体のエネルギーレベルは前回よりやや弱くなっています。この連結体におけるサイキック攻撃の中身はことのほか強力です。

質問者　あなたが、サイキック攻撃の中身と呼ばれたものを説明してくださいますか？　そして、なぜそれがこの時期に強まっているの教えていただけますか？

ラー　私はラー。私たちは以前の情報をくり返すことよりも、〝この媒体に対するサイキック攻撃は、この特定の奉仕をしているかぎり一定のレベルで続くであろう〟ことを指摘するほうを選ばせていただきます。

攻撃強化のゆがみに向かう変化は、どのような弱点であれ偏りであれ、それが当人／存在によって示された機会が引き金となります。彼女はこの特定の連結体で、あなたがたの測定値で言う〝長らく〟痛みと呼ばれるゆがみに対処してきており、このことは身体のエネルギーレベルを累積的に低下させるため、相手にとってとりわけ有利なターゲットをつくり出しています。そのため先に述べたような存在がすかさずその機会を利用して、独自のやりかたで奉仕を提供しようとするのです。この攻撃によるめまいの発症は絶え間なく、症状が何日にもわたって混乱をきたすこともあるため、この媒体が強い意志の持ち主であり、あなたがたの間でヒステリーと呼ばれるゆがみに向かう傾向がほとんどないことは、この交信の継続的活性化のためにとても幸運なことです。ともかくこの人／存在は、怖れに向かう過度のゆがみをもつこともなく、この状況にうまく適応しています。そのためオリオン側は攻撃を成功させられずにいますが、それでも媒体をいくらか消耗させる程度の影響はおよぼすに至っています。

質問者　私のこの分析が正しいかどうかをお訊ねします。このいわゆる攻撃をしかけている存在は、私たちがその極性をより完全に理解できるように、いまの私たちの極性の状況下において、それ自身のゆがみを基準に奉仕を提供していると思われます。私たちはこの事実を評価し、私たちにいわばより完全な意味での知識をもたらすことにより私たちの**一なる創造主**への奉仕を試みているその存在に感謝します。それで正しいですか?

ラー　私はラー。あなたの意見に正しいも正しくないもありません。それはポジティブに極性化されたバランスのとれた見地から、ネガティブに極性化された行動を言い表したものであり、ネガティブに極性化された行動の力を弱める効果を有しています。

質問者　私たちはそれを攻撃ではなく奉仕の提供と見なしていますので、攻撃という誤った表現を用いてはいますが、この奉仕の提供を歓迎したいところです。ただ、もしそれらの奉仕がたとえ軽微であっても媒体の身体に危害を加えるようなものでなければ、もっと充分に活かせるはずなのですが。なぜなら彼女にもっと体力があれば、そうした奉仕もよりいっそう深く理解できると思うからです。私たちが今以上に大きな愛をもって歓迎できる形で奉仕がなされるのであれば、それこそありがたいところです。そしてそれに見合う奉仕は、当然、めまいを誘発する効果を伴わないものになると思われます。

私は、いつも私たちのそばにいるかに見えるこの存在の出処と、私たちに対する奉仕やあいさつのメカニズムを理解したいと思っています。ここ以外の密度やそれらの仕組みに関する私の理解力は極端に限られているため、たぶん間違っていると思うのですが、これから意見を述べさせていただきます。

私の推測では、この特定の存在はオリオン連合の一員で、おそらく第五密度と思われるそれなりの密度の身体に転生しています。そして、精神の修練によって自分の意識の一部または全部を、私たちの座標つまり〝ここ〟に投影することができ、それはおそらくその存在の心／身体／霊複合体を構成する七つの身体の一つであると思われます。それで正しいでしょうか？　この意見のどこが正しく、どこが正しくないのか教えていただけますでしょうか？

ラー　私はラー。この意見はおおむね正しいです。

質問者　**私の意見の具体的な内容についてはいただけないのでしょうか？**

ラー　私はラー。細部に関する質問であるむきは感知していませんでした。質問し直してください。

質問者　**この存在は、どの色に関連した身体を使って私たちのところにやってくるのでしょうか？**

ラー　私はラー。この質問は、空間／時間から時間／空間だけでなく、密度から密度へという超次元的な性質のものであるため、簡単にお答えできるものではありません。時間／空間の光である第五密度の身体が使用され、空間／時間の第五密度の身体は第五密度にとどまります。意識が投影されるというあなたの推測は正しいです。空間／時間の第五密度の身体複合体に付随するこの意識ある乗りものが、この特定の奉仕で働くものであるという推測も正しいです。

質問者　私はきっといくつも不調法な質問をしてしまうと思います。しかし、それは創造世界の特定の密度レベルに存在するようにみえる極性化といういわゆる幻影と、意識の相互作用のメカニズムに関する特定の概念を理解しようとしているからなのです。第五密度の存在が私たちのグループに引き寄せられるのは、私たちのグループの極性が、どういうわけかその存在に対して灯台のような役目をはたしているからに思えてなりません。それで正しいでしょうか？

ラー　私はラー。これは実質的には正しいですが、この存在の骨折りは自発的なものではありません。ポジティブな方向性をもつ人／存在やグループに対する通常のもくろみは、前にも述べたように、第五密度のオリオンの指導者《リーダー》たちが手先である第四密度の存在たちに実行させているのです。このような第四密度の攻撃の常套手段は、攻撃対象である人／存在やグループをそそのかし、他者への奉仕に向かうに足る極性化から遠ざけ、自己の大成や自己が行動をともにする社会組織の拡大へと向かわせることです。この特定のグループに対しても、メンバーどうしの奉仕や一**なる無限の創造主**への奉仕を断念させようと、各自にあらゆる種類の誘惑が差し出されています。しかしどのメンバーもそれらに惑わされることなく、純粋に他者への奉仕に向かう姿勢から大きく逸脱することなく歩みつづけています。この時点で、相手の変調をきたすそうしたプロセスを監視していた第五密度の存在の一人が、あなたがたが儀式的魔術として理解している、いわゆる魔法のような手段を使ってあなたがたのグループを終わらせる必要があると判断したのです。私たちは以前、このような攻撃によってこのグループの一人が取り去られる可能性を議論した際、転生前の身体複合体のゆがみを考慮すると、もっとも攻撃を受けやすいのはまちがいなく媒体であることを指摘しています。

質問者　**このグループが創造主に完全に奉仕しつづけるためには、この第五密度の存在を創造主として認識している私たちは、この存在にもできるだけ奉仕できるよう努める必要があります。この存在に、私たちがあなた《ラー》が提供するものの受信と流布を停止すること以外の願望があれば、それを教えていただくことは可能でしょうか？**

ラー　私はラー。この存在には二つの願望があります。一つはまずなによりも、このグループの一人以上のメンバーにネガティブな方向づけをして、自己への奉仕の道に沿う選択をするよう仕向けることです。そしてそれに先立つ用向きは、心／身体／霊複合体が制御可能な構成にあるうちに、このグループの一人の身体複合体の生存を終わらせることです。私たちラーの理解力は限られていますが、まさにこのグループの各自が実行しているように、この存在に愛と光を送ることが、このグループが提供できるもっとも有益な触媒であると私たちは信じています。そして、……。

質問者　**私たちは……、すみません、どうぞ続けてください。**

ラー　私はラー。私たちがお話ししかけたのは、この存在はそうして差し出された愛によって極力中和されており、したがってそれが存在しつづけているという事実は、おそらく、どちらの極性にとっても、それぞれが他方に提供しうる奉仕のあらゆる見方に対する理解の限界にあるということです。

質問者　私たちは**創造主**への奉仕に関して矛盾した状況にあります。私たちはこの密度で奉仕している人たちからラーの情報を求められています。ところが別の密度からは、この情報を広めてくれるなという要請があります。**創造主**の一部が、いっけん相反する二つの活動を私たちのグループに求めているのです。私たちがあらゆる思考と行動をもって、力の及ぶかぎり**創造主**に奉仕しながら完全な奉仕の状態に達することができれば、それはこの上なく有益です。私が気づいたこの矛盾を、あなたか、あるいは奉仕を提供する第五密度の存在が解決することは可能でしょうか？

ラー　私はラー。じゅうぶん可能です。

質問者　それではどうすればこの矛盾を解決できるのでしょうか？

ラー　私はラー。考えてもみてください。あらゆるすべてのものが**創造主**なのですから、あなたがたに**創造主**に奉仕しないという選択はありません。周囲の声に注意深く耳を傾けるならば、あなたに届くのはこの情報源からの情報の有無にまつわる正反対の要請だけでないのがわかるでしょう。これはすべて一つの声であり、あなたのほうがある特定の周波数でそれに共鳴しているのです。そしてその周波数があなたの一**なる創造主**への奉仕の選択肢を決定します。たまさかこのグループの振動／波動パターンとラーのそれとの間に親和性があったため、私たちはあなたがたのサポートを得て、この媒体を介して話すことができています。これは自由意志のはたらきです。

創造主の一部とおぼしき人々が、霊性《スピリット》の進化についてあなたがたが私たちに質問しているのを歓迎しています。別の一部とおぼしき集団は、特定の性質のさまざまな質問に対する膨大な数の回答をのぞみ、あなたがたの諸民族のまた別の集団は、この媒体を介した交信をネガティブな性質のものと見なしてその停止を望んでいます。そしてさらに、他の多くの存在次元には、あなたがたの奉仕を全身全霊で喜んでいる存在たちもいれば、あなたが言及してきた存在のように、ただこの媒体の第三密度次元での人生を終わらせることだけを望んでいるものたちもいます。

すべては**創造主**です。

あらゆる種類の偏りやゆがみ、そしてさまざまな色彩や色調が織りなす終わりのないパターンからなる一つの広大な天蓋があります。あなたがたが人／存在として、またはグループとして、共鳴しないものたちには愛、光、平和、そして喜びを願い、祝福を送ってください。それ以上、あなたにできることはありません。というのも、**創造主**の〝あなたという部分〟は見ての通りであり、あなたの体験や体験の提供が人の役に立つようになるためには、あなたは〝自分がほんとうは誰であるか〟をよりいっそう完璧に表現している必要があるからです。そのようになれたとき、あなたは媒体の命を差し出すことでネガティブな存在に奉仕しようとするでしょうか？　あなたはそれを真の奉仕と見なすことなどないはずです。このように多くの場合において、愛のバランスが達成され、愛が差し出され、光が送られ、自己への奉仕の方向性をもつ存在による奉仕が、現時点ではあなたの探求の旅に役立たないものとして拒否されながらもありがたく認められるのを、あなたは目にすることになるかもしれません。こんなふうに、あなたは矛盾なく一**なる創造主**に奉仕するのです。

質問者　この特定の存在は、その奉仕によって、媒体にめまいを起こすことができます。このような奉仕のメカニズムを説明していただけますか？

ラー　私はラー。この媒体は転生してまだ間もない頃、目の複合体の領域に多くの感染症のゆがみを患い、それらはいわゆる幼年期に大きな問題を引き起こしました。そうしたゆがみの傷跡は今も残っており、じっさい副鼻腔系と呼ばれる部分は変形したままです。そのためこの人／存在はそれらのゆがみと連動してバランスをくずしたり、視力補正器具の使用でもわずかながら不具合を起こしています。

質問者　この奉仕を提供している第五密度の存在が使用するいわゆる魔法の原理と、その能力についてもっと知りたいと思います。哲学的または魔術的な観点から、なぜその存在はこういった特定の身体的ゆがみを利用することができるのでしょうか？

ラー　私はラー。この存在は時間／空間構成においてこの特定の人／存在の場に浸入することができます。そして隔離区域を乗りものなしで移動するため**守護者たち**の検出網を躱《かわ》せる場合があるのです。

これは意識が本質的に乗りものなしで光として送り出されるという、魔法のような働きの大きな利点です。この光は瞬時に作用して、たとえば体調をくずしている人に〝車は来ない〟と暗示をかけて道路を渡らせることも可能です。このグループはどのメンバーも、愛と光の道においてじゅうぶん修養がなされているため、とくに暗示にかかりやすいわけではありません。しかしこの媒体に関しては、たとえばめまいを増大させて転倒させたり、視力の低下のせいで実際に車の前を歩いてしまうことが期待できるなど、くだんの存在が最大限に利用している身体複合体の素因があるのです。

この魔法の原理は、あなたがたの魔術体系の表現に大まかに置き換えてみると、光のパワーを強化するためシンボルを使用し、それをなぞり、視覚化するものであると言えるでしょう。

質問者　ということは、この第五密度の存在は特定のシンボルを視覚化させているということでしょうか？それらのシンボルは使いつづけることで、ある程度のパワーや電荷をもつ性質のものであると推測しますが、私は正しいでしょうか？

ラー　私はラー。あなたは正しいです。第五密度では、光はあなたがたの鉛筆の筆跡のように目で見ることのできるツールです。

質問者　では、この存在は私たちが物理的なものと呼びうるシンボルを光でつくりあげていると推測しますが、それで正しいですか？

ラー　私はラー。正しくありません。光は、存在が自分の意識を慎重に作成された光の乗りものに置くのに充分な純度の環境をつくり出すのに使われ、その後、存在は光の道具を駆使して仕事をします。意志と存在感はその仕事をしている存在のものです。

質問者　あなたの言う第五密度の存在は隔離区域に侵入しています。それは窓の一つを突破することでなされたのでしょうか、それともその魔法のような能力によるものでしょうか?

ラー　私はラー。これはさほど魔法的方向性のない存在や集団では使用できなかったであろう非常に小さい窓を通して行われました。

質問者　この一連の質問の趣旨は、第一のゆがみと、この窓が存在するという事実に関わるものです。これはランダム効果の一部であり、私たちはこの存在が提供するものを受けとる際、惑星全体が窓の効果から受けるのと同じようなバランス作用を体験しているのでしょうか?

ラー　私はラー。まさにその通りです。惑星球体が、より高度に進化したポジティブな存在ないし集団とその情報を受け入れる場合は、同様に賢明なネガティブな方向性をもつ存在ないし集団にも同じような機会を提供する必要があります。

質問者　すると私たちは、このいっけん困難な状況のなかに第一のゆがみの英知を体験するわけで、だからこそ体験することを完全に受け入れる必要があるわけですね。これはあくまで私個人の見解ですが、ラーの見解と一致しますか？

ラー　私はラー。私たちでしたらおそらくさらに踏みこんで、その機会に感謝の意を表すでしょう。現下の機会は、実際的にも潜在的にもその効果において際立っており、痛みや、その他にもめまいなどといった困難に向かう媒体のゆがみに影響を与えるため、媒体が、それでもなお他者や**創造主**への奉仕を継続するという選択を折にふれて更新しうるという点できわめて周到なものであると言えます。

これは同様にグループのほかのメンバーに対しても、他の自己がこの攻撃のいわゆる矢面に立たされるという、よりゆがみが大きく過酷な状況下で、さらなる支援を表明する機会をたてつづけにもたらします。その結果あなたがたは**無限の創造主**の愛と光を示すことができ、さらに、私たちが提供を試みるこの情報のメッセンジャーとしての役割を継続し、それによって**創造主**に奉仕することをワークのたびに選択することができるのです。

このように、こうした状況によって引き起こされるゆがみと同様に、もたらされる諸々の機会もまた非常に重要であると言えるでしょう。

質問者　ありがとうございました。

このいわゆる攻撃は、媒体だけでなく私自身や（個人名）にも向けられているのでしょうか？

ラー　私はラー。それで正しいです。

質問者　私自身は、それらしき影響は何も感じていません。この奉仕は私たちにどのように差し出されているのか教えていただくことはできますか？

ラー　私はラー。質問者は、自分を疑ったり個人的性格のさまざまなゆがみに落胆するといった奉仕を提供されています。しかし本人／存在にそうした機会に乗じる様子がないため、オリオンの存在は基本的にこの人／存在を常時監視下に置くことへの興味をうしなっています。

筆記者はつねに監視されており、心／感情のゆがみを強めたり、場合によっては心／感情複合体と、それに対応する身体複合体の部分との接続マトリックスを強めうる機会をひんぱんに提供されています。しかしこの人／存在はこうした攻撃に気づけるようになっており、攻撃の影響をかなり受けにくくなっています。じつはこのことは、今回の転生では制御不能な要因のためひ弱である媒体に対する監視が大幅に強化され、恒常化された特定の原因になっています。

質問者　媒体が、物質界でのこの転生の初期にこれほど多くの身体的ゆがみを経験している理由を教えていただくことは第一のゆがみの範囲に収まるでしょうか？

ラー　私はラー。それで正しいです。

質問者　でしたら、なぜこの媒体が幼少時にあれほどの体験をしたのか教えていただけますでしょうか？

ラー　私はラー。私たちは、そのような回答が**混乱の道**／**法則**を破るかもしれないというあなたの推察を肯定したのです。そうした回答を晩餐会のテーブルにうち広げることは適切ではありません。適切なのは、関与する機会の複雑さを深慮することです。

質問者　では、つねに私たちのところにいるオリオン・グループの第五密度の存在に、今の時点で提供できる奉仕は他にありません。あなたの視点からも、私たちが彼のためにできることは何もないというので正しいでしょうか？

ラー　私はラー。それで正しいです。あなたの極性から正反対の極性に対して奉仕しようとする姿勢にはすばらしいユーモアがあります。あなたが奉仕と見なすことを、くだんの存在は奉仕にあらずと見なすのですから、そこへもってきて奉仕することには当然困難がともないます。しかもあなたがこの存在に愛と光をおくり幸福を祈るとき、その存在には極性の消失と再編成の必要が生じるのです。

かくして、その存在はあなたの行う奉仕を奉仕であるとは考えません。一方で、その存在がこの媒体をあなたがたから取りあげる形で奉仕するのをゆるした場合、おそらくあなたもそれが奉仕であるとは考えないでしょう。ここに**創造主**についての、バランスよく極性化された見方があります。それは、二つの奉仕が提供され、相互に拒否され、自由意志が保持され、それぞれが**一なる無限の創造主**を体験する独自の道を歩むことをゆるされる均衡状態にあるというものです。

質問者　ありがとうございました。

　議論のこの部分を締めくくりたいと思います。あなたが先に述べられたような、私たちの能力が及ばないことが山ほどあるのは承知しています。それでもこの特定の存在に対して、私たちの能力の範囲できることがあれば、そして今後、あなたがその存在の要望を私たちに伝えてくださるのであれば、私たちはあらゆる点で奉仕したいので、少なくともその要望を検討しようと思っています。それにはご賛同いただけますでしょうか？

ラー　私はラー。私たちはあなたの奉仕と奉仕に対する欲求を明確にできていなかったようです。私たちの愚見では、あなたはその状況のユーモアに目を向け、要求されていないところで奉仕を提供する願望を手放す必要があります。磁石は引きつけるか反発するかです。あなたはみずからの極性化のつよさを誇らしく思い、反対の極性にあるものにも同じようにさせてください。これら二つの道が第六密度で統合され一つになることを鑑みて、この極性の大いなるユーモアとその複雑さを見るようにしてください。

質問者　ありがとうございました。

　つぎに、ここに用意した拙文に、正確か不正確かのコメントをいただければと思います。一般に、原型的な心《マインド》は**一なる無限の創造主**の側面を表しています。**父（なる神）**の原型《アーキタイプ》は、電磁エネルギーの男性またはポジティブな側面に対応しており、私たちの太陽のように活発で創造的で光輝いています。**母（なる神）**の原型《アーキタイプ》は、電磁エネルギーの女性またはネガティブな側面に対応しており、私たちの**地球**が太陽の光を受けて第三密度の豊かさから生命を生み出すように、受容的または磁気的です。**放蕩息子**または**愚者**の原型《アーキタイプ》は、いっけん一なる状態から逸脱したように見えつつも、**一なる無限の創造主**に回帰しようとしているすべての人／存在たちに対応します。**悪魔**の原型《アーキタイプ》は、物質界の幻影や悪の出現を表わしますが、より正確には、第三密度の幻影の中で各人／存在の成長をうながす触媒を提供するものです。**魔術師**／**魔法使い**、**聖者**、**ヒーラー**、**または達人**は、**高次自己**《ハイアーセルフ》に対応し、そのエネルギー中枢内のまったきバランスゆえに幻影をつきぬけて知的無限に接触し、それにより第三密度の触媒を習得《マスター》したことを身をもって示します。死の原型《アーキタイプ》は、転生と転生の間では一時的に、収穫時ではより永続的に、人／存在が黄色光線の身体から緑色光線の身体へと移行することを象徴しています。

それぞれの原型《アーキタイプ》は**一なる無限の創造主**の側面を示し、個々の人／存在の使命や心《マインド》の電磁的構成に応じて、その心／身体／霊複合体を指南します。おしえは直観を通して行なわれます。適切な探求や心的構成により、意志の力は霊《スピリット》をシャトルとして使い、教え／学びに必要な適切な原型的側面に接触します。それと同じ方法で、別の直観的情報の提供元にもそれぞれに接触がなされます。それらは階層的であり、当人／存在自身の潜在意識から、集合意識または惑星意識／心《マインド》、案内人《ガイド》たち、**高次自己**《ハイアーセルフ》、原型的意識／心《マインド》、宇宙意識／心《マインド》または知的無限へとつづきます。いずれの接触も、探求者の心《マインド》と求める情報の調和された電磁的構成に応じて、シャトルとして奉仕する霊《スピリット》によってなされます。

これらの見解がどこまで正確かコメントしていただき、誤りがあれば修正し、見落としがあれば補っていただけますでしょうか？

ラー　私はラー。この人／存在（媒体）は、その身体的レベルの消耗を見すえてこのセッションのほとんどで転送されたエネルギーを使用しています。私たちがこれから取りかかる回答は少々複雑です。興味深いものではありますが、完結できるかどうかは期待しないでください。回答できなかった分については、後日のワークであらためて質問していただければと思います。

質問者　**それでしたら、次回のセッションをこの質問へのご回答から始めていただくのがよろしいかもしれません。そのほうが適切でしょうか？　それともエネルギーはすでに固定されていますか？**

ラー　私はラー。エネルギーはいつものように割り振られます。選択はいつものようにあなた次第です。

質問者　**それでは、続行してください。**

ラー　私はラー。まず最初に取り上げたい項目は、心《マインド》の根と幹をつなぐシャトルとしての霊《スピリット》の概念です。これは思いちがいですので、質問者には霊《スピリット》の働きをさらに掘り下げていただければと思います。なぜなら心《マインド》を扱うにあたり、私たちは一つの複合体の中でそうしており、まだ知的無限に分け入ろうとはしていないからです。原型《アーキタイプ》が**一なる無限の創造主**の一部、またはその顔の一側面であるというのは言い得て妙ですが、原型《アーキタイプ》は、提供される生成エネルギー複合体においては一定でありながら、同じ複合体がそれぞれの探求者にもたらす成果はまちまちであるのを理解するほうがはるかに重要です。どの探求者も、原型《アーキタイプ》複合体の中で自分にとってもっとも重要な特質においてそれぞれの原型《アーキタイプ》を体験します。その好い例となるのが、質問者が述べた**放蕩息子／愚者**の描写についての所見です。この原型《アーキタイプ》の大いなる側面の一つは、つぎに何が起こるかを気にせず宇宙に足を踏み出すという信頼の側面です。これはむろん愚かなことですが、霊的初心者の特徴の一つでもあるのです。質問者は自分にこの側面が見えていなかったことをじっくり考えてみるのもよいでしょう。

ここで私たちは、あなたに次回のワークで再質問していただくようあらためて要請し、今この媒体の使用を停止します。出立にあたり、簡単な質問でしたらお答えいたします。

質問者　私たちが媒体をもっと快適な状態にしてあげるために、あるいはこの交信を向上させるために何かできることがあれば教えてください。

ラー　私はラー。友よ、調和と愛と光への内なるつよさをもって継続してください。すべてが順調です。慎重な位置合わせによる調整を評価し、感謝いたします。

私はラー。友よ、私は今、**無限の創造主**の愛と光の栄光にあなたがたをゆだねます。ですから、**一なる無限の創造主**のパワー、そして平和のもとで嬉々として前進してください。アドナイ。

session《セッション》 68

August 18, 1981

ラー　私はラー。**一なる無限の創造主**の愛と光のなかから親愛のごあいさつを送ります。私たちは今から交信します。

質問者　今日このセッションを行うことにしたいちばんの理由は、私がしばらく留守にする可能性があるのと、日曜の夜に起きた出来事について緊急にお訊ねしたいことがあるからです。定例の〝日曜の瞑想の夕べ〟で、どうも媒体が瞑想中にトランス状態に陥ってしまったようで、それについてお訊ねしたいのです。そのときのことについて情報をいただくことはできますか?

ラー　私はラー。情報提供が可能です。

質問者　では、そのとき何が起こったのか教えていただけますか？

ラー　私はラー。私たちはこの媒体に、現下のような限定された状況以外で、私たちに呼びかけないよう指示してきました。日曜日のイベントでは、この媒体はあなたが『ラー文書』と呼んでいるものに関する質問を受けました。そのとき媒体は、あなたがたがラトウィー（Latwii）と呼ぶ、叡智の密度からきた私たちの兄弟姉妹に声を提供していましたが、「この答えはわからないわ。ラーをチャネリングしていたらよかったのに」とひそかに思ったのです。

ラトウィーの存在たちは、独自のやりかたで奉仕をもくろむオリオンの存在が自分たちをけん制してくる可能性があるのに気づきました。そのとき媒体が、ラーと交信する体勢をとり始めたのです。媒体の準備が完了すれば、それがオリオンの存在のチャンスになることがラトウィーたちにはわかり、彼らにとってもそれはなんとしても避けたいことでした。

この媒体に幸いしたのは、第一に、ラトウィーが第五密度の存在で、オリオンの存在が顕在化させていた特定の振動複合体に対処できたこと、そして第二に、危険にさらされた媒体に多大なサポートを送りつづけた人たちが当日その場にいたことでした。さらにラトウィーたちは、あわや**混乱の道**／**法則**を破りかねない状況であったにもかかわらず、決してこの媒体を手放さず、媒体がその身体的乗りものから離れはじめたときでさえ、媒体の心／身体／霊複合体とのつながりを保持し、それを通して情報を提供しつづけたのです。

ラトウィーたちが交信の継続に尽くしてくれたおかげで、オリオンの存在は媒体の心／身体／霊複合体を捕らえることができませんでした。そしてあなたがたの空間／時間のわずかな時間で、媒体は無事完全に統合されたのですが、統合への移行中もラトウィーたちは媒体を安定させるため交信をつづけてくれたのです。

質問者　第五密度ネガティブの方向性をもつ存在にはどのような目論みがあり、それをどうやって完遂させるつもりでいたのか、そしてもしそれが成功していたらどんな結果になっていたのか教えていただけますか？

ラー　私はラー。いまもって進行中であるこの目論みは、黄色の身体複合体の殻から切り離された心／身体／霊複合体を捕らえ、それをあなたがたの時間／空間のネガティブな部分に置き換えるというものです。すると殻は無意識の存在となるため、それに手を加えて機能不全を引き起こし、昏睡状態にさせ、いわゆる肉体の死に至らせることができるのです。その時点で、媒体の**高次自己**《ハイアーセルフ》は、心／身体／霊複合体をネガティブな空……私たちは訂正します……時間／空間に残すか、あるいは同等の振動と極性のゆがみをもつ空間／時間に転生させるかを選択することになります。その場合、当人／存在は生得のネガティブの極性の強みをもたない、ネガティブに極性化された存在になります。このような状況下で見出すことになる**創造主**への道のりは、例外なくめでたい完結を見ることになりますが、何はともあれ長いものになるでしょう。

質問者　ならば、もしこの第五密度ネガティブの存在が、ターゲットの心／身体／霊複合体がいわゆるトラ

ンス状態にあるときに、それをネガティブに極性化した時間／空間に移す試みに成功した場合、高次自己《ハイアーセルフ》はネガティブに極性化した空間／時間での転生を許容するしかないのでしょうか？　それで正しいですか？

ラー　私はラー。正しくありません。高次自己《ハイアーセルフ》は心／身体／霊複合体が時間／空間に留まることを認めることができますが、いつまでもそうさせておく可能性はきわめて低いと思われます。というのも高次自己《ハイアーセルフ》は、〝心／身体／霊複合体の機能は、他の自己を体験し、そこから学び、それによって創造主を体験することである〟という信念に向かうゆがみを有しているからです。高度に極性化されたポジティブな心／身体／霊複合体が、空間／時間のネガティブな部分に囲い込まれたときに体験するのは、いわば磁石の対極にあるような以前とは似ても似つかぬ暗闇だけです。そのため自動的にバリアが形成されます。

質問者　私がきちんと理解しているかどうか確認させてください。その暗闇が体験されるのは、ネガティブな空間／時間ですか、それともネガティブな時間／空間ですか？

ラー　私はラー。ネガティブな時間／空間です。

質問者　それでは、そのような状態からネガティブな空間／時間に転生する場合は、たとえば媒体を例にあげると、どの密度レベルに転生することになるのでしょうか？

ラー　私はラー。この質問への回答は、第一のゆがみの侵害になります。

質問者　わかりました。では、媒体を例にとるのはやめて、第六密度の**ワンダラー**を例にあげた場合はいかがでしょう？　この質問への答えが第一のゆがみの侵害に当たるのであればお答えいただかなくてけっこうです。こうしたことが第六密度の**ワンダラー**に起こりネガティブな時間／空間に入ったと仮定します。それが第六密度ネガティブの時間／空間であった場合、転生するのも第六密度ネガティブの空間／時間になるのでしょうか？

ラー　私はラー。あなたの推測は正しいです。極性化の強さは可能なかぎり一致することになります。一部のポジティブな第六密度の**ワンダラー**では、同等の強さのネガティブな第六密度のエネルギー場が少ないため、この予測が完ぺきでない場合もあります。

質問者　こうしたことが起こりうるのは、いわゆるトランス状態で引き出された**ワンダラー**の心／身体／霊複合体は、第三密度の物質的身体を後にしており、この状態の**ワンダラー**は魔法のように身を守る能力が充分でないという事実ゆえでしょうか？　それで正しいですか？

ラー　私はラー。この媒体の場合、それで正しいです。このことはトランス状態で仕事をしている媒体で、いわゆる現世での時間／空間で魔法の訓練を意識的に体験していない人／存在たちにもほぼ例外なくあてはまります。こうした状況に対して魔法のような防護ができる人／存在は、あなたがたの密度ではきわめてまれです。

質問者　私には、このような結果よりもっと悪いことは想像すらできませんので、こうした状況に対処するためにも、魔法の訓練と防護手段を求めることはしごく賢明であると思われます。この種の魔法のような防護法をラーにご指導いただくことは可能でしょうか、ラーにお願いできますでしょうか？

ラー　私はラー。この要請は、第一のゆがみを越えたところにあります。魔法の能力を求める人／存在は、特定の方法でそれを行う必要があります。私たちに可能なのは一般的な内容の指示を出すことであり、これはすでに実行しています。この媒体は自己のバランスをとるプロセスにすでに着手していますが、このプロセスは長丁場になります。

準備ができていない人／存在にあえて魔法の杖を差し出すことは、偏った形での侵害にあたります。媒体は今のような構成で護られていないかぎり、いかなる形であれ決してラーに呼びかけてはならないと、私たちは少々厳しく申し入れるものであります。

質問者　このグループの心／身体／霊複合体を置き換えようとする第五密度の存在のテクニックを、第一のゆがみの範囲内であれば解明することは重要だと思っています。この存在がどのようにこの仕事を行うかを説明していただくことは、第一のゆがみの範囲内でしょうか？

ラー　わたしはラー。あなたは範囲内にいます。

質問者　それではお訊ねします。この第五密度の存在は、私たちがこうして存在している事実を察知した時点から、どのようにこの仕事を進めているのでしょうか？

ラー　私はラー。この存在はパワーを察知します。そのパワーには収穫に応じられるものにエネルギーを与える力があります。存在はこうしたパワー源の無効化をのぞんでおり、自分の軍団を送り込んできます。誘惑が差し出されます。それらは無視されるか拒否されます。しかも、そのパワー源は無効化されずに存続するばかりでなく、調和と奉仕への愛という内なるつながりを確実に深めています。

かくしてこの存在は、このうえは自分の手でパワー源の無効化を試みるしかないと判断し、みずから投影によってそのパワー源の近傍に入り込み、状況を把握します。この存在は第一のゆがみに縛られているとはいえ、自由意志のゆがみにつけ入ることはできるため、媒体の自由意志や物質的乗りものに関わる転生前からのゆがみは、願ってもないターゲットになると思われます。他者への奉仕から外れたゆがみもターゲットになります。

媒体が身体的乗りものから離れるときは自由意志でそうします。したがって、たとえそれが媒体の心／身体／霊複合体の置き換えを招いたとしても、媒体が自由にこの存在を追いかけたのであればそれは自由意志の侵害に当たらないというのがそのプロセスです。

このような影響に動じないグループになるためにはどうすればよいかを知りたいという、あなたの切実な願いはよくわかります。あなたが求めるプロセスは、あなたが自由に選択ができる問題です。あなたは魔法の働きの原理を知っています。私たちは助言することはできません。私たちにできるのはこれまで同様に、このグループはグループとしてそのような道を歩むのが適切であり、明白な理由から、個人でそうするのは適切でないのを示唆することだけです。

質問者　私は、心／身体／霊複合体の置き換えをもくろむネガティブに極性化された存在に、第一のゆがみがどのように適用されるかに関心があります。ネガティブに極性化された存在が、ネガティブな時間／空間にある場所まで追跡されるのはなぜですか？　なぜ、私たちの一人がその存在におめおめとついてゆくのでしょうか？

ラー　私はラー。ポジティブな極性はあらゆるすべてに愛を見出します。ネガティブな極性はじつに巧妙です。

質問者　ならばネガティブな極性が他の自己の自由意志を利用すること以外の方法を使った場合は、極性も魔力も失われてしまう可能性があると推測します。それで正しいですね？

ラー　私はラー。それで正しいです。

転送されたエネルギーが減少していますので、ここでお開きにしようと思います。この媒体から離れる前に、簡単な質問でしたらお答えいたします。

質問者　私たちが媒体をもっと心地よい状態にしてあげるために、あるいはこの交信を向上させるために何かできることがあれば教えてください。

ラー　私はラー。あなたがたは良心的です。私たちはあなたがたの質問の必要性を認識しています。友よ、全ては順調です。私たちはあなたがたに感謝しつつ、一**なる無限の創造主**の愛と光にあなたがたをゆだねます。ですから、一**なる無限の創造主**のパワー、そして平和のもとで嬉々として前進してください。アドナイ。

session《セッション》 69

August 29, 1981

ラー　私はラー、一なる無限の創造主の愛と光のなかから親愛のごあいさつを送ります。

先に進むまえに、今後のワークのためにちょっとしたお願いがあります。今回のワークでは、媒体の髪の毛が原因で交信に若干の干渉が生じています。このアンテナのようなものがより整然とするよう、ワークの前に櫛を入れていただくよう提案します。

私たちは今から交信します。

質問者　前回のセッションで伺いそびれたので、今回ぜひお訊ねしたいことがあります。

心／身体／霊のポジティブな人／存在が、ネガティブな存在または達人によってネガティブな時間／空間の構成に誘導される可能性があるのは、トランス状態にあるときだけでしょうか？

ラー　私はラー。これはあやまった発想です。第三密度の身体複合体から自由に離脱した心／身体／霊複合体は、適切な保護がなされていなければすきだらけです。慎重に見てみれば、身体複合体を離れる選択をする人／存在が、ネガティブな存在の偏った注意を引きつけるような仕事をしていることはまずないとわかるでしょう。あなたがたはあとに残された身体複合体をトランス状態と呼びますが、そうした状態にある人の多くにとって危険なのは、他者が身体複合体に触れてしまい、心／身体／霊複合体がそこに引き戻されたり、エクトプラズムと呼ばれるものを呼び戻す手段が損なわれることです。

この媒体は、トランス状態にあるときには触れたり人工光を当てないことになっているため例外的であり、エクトプラズムの活動については内面化されています。お気づきの通り、この場合に大きな問題となるのは、まえにも述べたような、当人／存在の自由意志にもとづくネガティブな置き換えです。

これがトランス状態でのみ起こりうるのかどうかは充分定かでありません。しかしたとえば死のような別の体外離脱の体験においては、ここで考察されている当人／存在は、ほとんどのポジティブに極性化された人／存在同様に、あなたがたが肉体の死と呼ぶ移行に気づくであろう仲間たち、案内人《ガイド》たち、および自己の部分から絶大な庇護を受けることになります。

質問者　それでは、ほかの状態と比べて一見ふつうでないと思われるいわゆるトランス状態を除くあらゆる状況において、〝護《まも》りの友〟とでも呼びたくなるような存在たちが対応してくれるとおっしゃるのですね。それで正しいですか？

ラー　私はラー。それで正しいです。

質問者　このトランス状態と呼ばれるものの場合は、なぜそうならないのですか？　なぜ、この特殊な状況では応じてくれる存在がいないのでしょうか？

ラー　私はラー。この状況の特殊性は友人の不在ゆえではありません。すべての人／存在と同様に、当人／存在にも案内人《ガイド》や天使的存在がおり、極性化に応じた教師や友人がいるのですから。

社会的記憶複合体ラーとあなたのグループが始めたこの活動の類まれなる特徴は、私たちが同志として達成しうる最高純粋度にせまる試みによって他者に奉仕しようとしていることです。このことは、そうした奉仕の機会をつぶそうとするとりわけ強固なネガティブな極性にある友人たちを身がまえさせています。

ここであらためてつぎの二点を述べておきます。第一に、私たちは適切なチャネル／媒体と適切な支援グループを探し出すのに長い時間をかけました。もしこの機会が終わりを迎えても、私たちはやり遂げた事々に感謝するでしょう。しかし目下の構成の場所をふたたび採択する可能性／蓋然性の渦はごくわずかです。

第二に、私たちはあなたがたがグループとしてすべきことをするために、どれだけ犠牲を払ってきたかを知っており、そのことを感謝しています。

　私たちは可能な限りこの媒体を消耗させないよう努めます。私たちはこれまでにも、媒体のこの仕事に対するひとかたならぬ献身のために、彼女がどれほど自分自身を消耗させうるかをお話ししてきました。そのことも、それ以外のことも、あなたがたは私たちがお話ししたことをすべて聞き入れてくださいました。私たちはあなたがたに心から感謝しています。また現状において、私たちはラトウィーと名乗る存在たちにも深謝しています。

質問者　**では、自然死であれ事故死であれ自死であれ、この種の死は友人たちからの庇護にあずかれるという同じ死後状況をつくり出すと理解しますが、それで正しいでしょうか？**

ラー　私はラー。これは〝死の体験においては死因が何であれ、ネガティブな友人が当人／存在を連れ去ることはない〟ということの確認であろうかと思われます。これは正しいです。空間／時間の物質的複合体への執着を手放した人／存在ははるかに気づきが高まっており、他をこよなく愛してやまない人たちにありがちな騙されやすさがないというのが大きな理由です。

　ただし、自然死の場合はより調和のとれた死であることに間違いないのですが、殺人による死の場合は混乱がともない、当人／存在は自身のいわゆる位置確認のためにある程度の時間／空間を必要とします。自死の場合は多くの癒しのワークに加えて、高次自己《ハイアーセルフ》によって新たに設定される課題を学ぶ機会のために、ひきつづき第三密度に取り組むことが必要になるでしょう。

質問者　**これは、事故や医療麻酔、あるいは薬物などによる無意識状態にも当てはまりますか？**

ラー　私はラー。そうした状況下にある人／存在は、現在進行中のこの特殊な方法での奉仕を試みているわけではないため、ネガティブな方向性をもつ存在たちは心／身体／霊複合体を連れ去ることはできないでしょう。前にも述べたように、ゆいいつの危ない特性は、他者への奉仕を意図して第三密度の身体複合体から外に向かおうとする心／身体／霊複合体の自発性です。それがない状況は（ネガティブな存在たちから）有用であるとは見なされません。

質問者　**これは、第一のゆがみのバランスをとるための作用でしょうか？**

ラー　私はラー。あなたの質問はやや不明瞭です。具体的に言い直してください。

質問者　これは単なる憶測ですが、心／身体／霊複合体がその第三密度の身体から特定の義務や他者への奉仕に向かう意志をいだくと、おもに第一のゆがみに関して、その奉仕をネガティブな奉仕でバランスさせる機会をつくり出すため、他方の極性の侵入が魔法のように可能になるのではないでしょうか。この考えは正しいでしょうか？

ラー　私はラー。いいえ、正しくありません。確かに、媒体の自由意志はオリオン・グループに与えられた機会に不可欠です。しかし、この自由意志と第一のゆがみは媒体にのみ適用されます。オリオン・グループの全体的な願望は、極性をうしなうことなく自由意志を侵害することです。よってこのグループは、賢い存在に統率されているのであれば巧妙であろうとします。

質問者　これまでに、**ワンダラー**がネガティブな達人によって大きく侵害され、ネガティブな時間／空間に置かれたことはありますか？

ラー　私はラー。それで正しいです。

質問者　その**ワンダラー**が置かれた状況と、そこから戻る道について教えていただけますか？　なぜその道は、ただポジティブな時間／空間に戻ればよいという単純なものではないのでしょうか？

ラー　私はラー。戻る道のりは、第一に、**高次自己**《ハイアーセルフ》がネガティブな空間／時間に入るのに消極的であることを軸に展開します。これは、その道のりのかなりの長さに相当する可能性があります。第二に、ポジティブな方向性をもつ人／存在がとことんネガティブな環境に転生した場合、彼／彼女は自己愛の課題を学び／教え終え、そうすることで自身の他の自己たちと一つになる必要があるのです。

これが達成されると、その存在／人は電位差を解放し、極性を変える選択が可能になります。しかし自己を慈しむことについて、蓄積された課題を学ぶプロセスはきわめて長期にわたる可能性があります。また、そうした学びの過程で、人／存在は多くのポジティブな方向性をうしなう可能性があり、極性を反転させる選択が第六密度の半ばまで持ち越される場合すらあるのです。こうしたすべてはあなたがたの測定法では〝膨大な時間〟を要しますが、最終的には好い結果が約束されています。

質問者　この主要な周期の間にこの惑星にやって来た**ワンダラー**のうち、どれくらいの人がネガティブな時間／空間への移動を体験しているのか、大まかでよいので教えていただけますか？

ラー　私はラー。その発生件数を示すことは可能です。これまでに一件しかありません。**混乱の法則**により、その人／存在について話すことはできません。

質問者　あなたは、**高次自己**《ハイアーセルフ》はネガティブな空間／時間に入ることに消極的であるとおっしゃいました。それで正しいですか？

ラー　私はラー。転生のプロセスは、時間／空間から空間／時間に転生することを含みます。それで正しいです。

質問者　これから私が述べる意見が正しいかどうか確認させていただければと思います。

ポジティブな存在／人が最初にネガティブな極性の時間／空間に移動したとき、体験するのは暗闇だけです。そして、高次自己《ハイアーセルフ》によってネガティブな空間／時間に転生し、ネガティブに極性化された他の自己たちのいるネガティブな空間／時間の環境を体験することになります。それで正しいですか？

ラー　私はラー。それで正しいです。

質問者　これはポジティブに極性化された人／存在にとってはなはだ困難な状況であり、その学びのプロセスもとりわけ衝撃的なものになると思われます。それで正しいですか？

ラー　私はラー。ポジティブに極性化された人は、自己愛を学ぶことが不得手です。よってその（自己愛の）振動パターンが生得《しょうとく》である人より、ずっと多くの時間をその学びに費やすことになると言わせてください。

質問者　私は、こうした置き換えは、ある意味その人の自由意志の働きであろうと考えています。それで正しいですか？

ラー　私はラー。まったくその通りです。

質問者　私にとって、ここはとても紛らわしい点です。ネガティブに極性化された時間／空間に移動するの

は、ポジティブな方向性をもつ人／存在の自由意志の働きです。しかし、それは当人の自分の行動に関する理解不足ゆえに生じることでもあります。もしその人／存在の理解が充分であれば、そのような移動は行わないはずです。それは彼／彼女のネガティブに極性化した他の自己が、彼／彼女がその構成に誘い込まれるような状況をつくり出しているからです。私たちには創造主の二つの部分があり、どちらも価値や可能性／電位において等しいにもかかわらず、正反対に極性化がなされているためこのような状況になってしまうのです。これを可能にする、第一のゆがみに関する原理は何なのでしょうか？　この特定の行動の背後には、どんな哲学的原理があるのでしょうか？

ラー　私はラー。この点については重要なポイントが二つあります。まず第一に、道路地図《ロードマップ》を入手したものの、実際その地図が目印に乏しく、かなり不正確なものであったところを想像してみてください。それでも当人／存在は目的地にたどり着くことだけを望んで旅に出ますが、その間違った情報源にまどわされ、どこをどう行くべきかがわからず絶望的なまでに道に迷ってしまいます。

自由意志に、計算が狂う事態は起こらないという意味はありません。これは人生経験のあらゆる局面で言えることです。そこには間違いというものはありません。ですが驚きはあります。

第二に、私たちとあなたがたがこのようなワークで行うことは魔法のような電荷を帯びます。あえて誤解の多い用語を使うなら〝形而上学的な力〟を帯びると言うこともできるでしょう。力のワークを行う人は、ほぼ同等な力を有する存在との交信が可能です。さいわいこのグループの天賦の力が、このオリオンの存在には具わっていません。しかし、このグループがその力に相当する繊細さを欠くのに対し、そのオリオンの存在はかなり訓練されています。あなたがたは各自が意欲的に仕事に取り組んでいますが、グループとしての仕事はまだ始まっていません。個人的な取り組みは、グループのそれぞれが相互に助け合うときに役立ちます。

質問者　この媒体の奉仕には、**惑星連合**の他のメンバーとのチャネリングも含まれています。しかし彼女がトランス状態に陥り、ネガティブに極性化された存在または達人から奉仕を差し出される可能性もあるため、私たちはこれを続けることに慎重です。このワークのように保護された仕事以外のときに、彼女がトランス状態にならないようにする予防策はありますか？

ラー　私はラー。三つあります。一つめとして、媒体はラーに安易に呼びかけることがないよう、潜在意識における自律心をやしなう必要があります。そのためには日頃からそのことを意識して真剣に取り組む必要があります。二つめは、媒体は当面のあいだ質疑応答の時間をもうけないようにすることです。三つめの予防策は、だれかが媒体の手を握ってあげることです。これは見てくれは通俗的ですが、媒体を身体複合体に留めおくのに充分有効な手段であるといえます。

質問者　では、チャネリングセッションの間だれかが媒体の手を握っているだけで、トランス状態になるのを防ぐことができるということですか？

ラー　私はラー。そうすることで、トランス状態に必ず先行する瞑想的意識レベルを回避することができるのです。また、万一、人／存在が身体複合体から離脱できる段になっても、そのオーラ場に侵害や触圧が加わることで心／身体／霊複合体は離脱をひかえるのです。

私たちは、グループの各自がここでひらめいた技術をこつこつと磨いておかれることをお勧めします。その方法論については、侵害が大きく生じるためお話しできません。しかしグループでの取り組みについては、各自を精査《スキャン》してみるに既知であることの確認にすぎないためお話しすることができます。

私たちにはごく簡単な質問であれば、それに使用できるエネルギーがあります。

質問者　いわゆる白魔術を実践するための技術や手法はたくさんありますが、特定のグループが自分たち独自の特定の使途のために儀式を考案したとします。その場合そうした儀式は、**黄金の夜明け団**やその他の魔術集団が実践しているものと同じか、あるいはひょっとしてそれらより優れている可能性はあるのでしょうか？

ラー　私はラー。この質問について正確なことは言えませんが、質問者が、奉仕と規律統制のものものしいシステムの本質の一端を見ぬいていることを喜ばしく思います。

私はラー。友よ、私たちはあなたがたの良心的姿勢にあらためて感謝します。すべて順調です。私たちは喜んであなたがたを一**なる無限の創造主**のパワーと平和にゆだねます。ですから、嬉々として前進してください。アドナイ。

{session《セッション》 70}

September 9, 1981

ラー　私はラー。私は**一なる無限の創造**主の愛と光のなかから親愛のごあいさつを送ります。私たちは今から交信します。

質問者　媒体の状態を教えていただけますでしょうか？

ラー　私はラー。喜ばしいことに、それは先に述べたとおりです。

質問者　なぜそれが喜ばしいのですか？

ラー　私はラー。この喜びは、ひどく不利な状況下でも媒体の生命エネルギーを正常な振動強度で維持することを可能にした諸要素への感謝の気持ちから来ています。このエネルギーの複合体が良好であれば、私たちは前述したようなゆがみを気にせずに、この媒体を消耗させることなく使用することができるのです。

質問者　媒体は先日ほぼ一日じゅう、集中的なサイキック攻撃に対して不平をもらしていました。このサイキック攻撃の激化には理由があるのでしょうか？

ラー　私はラー。はい、あります。

質問者　その理由を教えていただけますか？

ラー　私はラー。攻撃の激化の理由には、あなたがたが深くかかわっています。それは、あなたがたが気づき／悟りと呼んでいるものをひたすら探求していることにほかなりません。しかもくだんの攻撃を受けても、あなたがたの探求への意欲は弱まるどころか、ますます強まるばかりなのですから。

一般的な場合では、サイキック攻撃に起因するあなたがたが痛みと呼ぶゆがみとそのさまざまな見かけの悪化は、身体複合体のエネルギーを枯渇させたのち、こんどは生命エネルギーの枯渇にかかります。この媒体は自身の以前の過失をふまえ、自身の生命エネルギーを守ろうとしています。この密度にしては驚くほど強靭な潜在意識の意志が、そのエネルギー複合体を見張っているのです。このように、このグループが気づきによる奉仕への献身を強めるにしたがって、オリオンの訪問者は媒体の生命エネルギーを乱そうとますます躍起になっているのです。

質問者　ここでちょっとお訊ねしたいことがあります。

依頼者に退行催眠術をかけて過去世の記憶を明らかにすることは、その依頼者にとって有益ですか、それともむしろ有害ですか？

ラー　私はラー。あなたの質問を精査《スキャン》しますと、あなたがその答えをあなたの未来に適用するであろうことがわかります。よって私たちは第一のゆがみの侵害を憂慮することになりますが、この質問は一般的なものでもあり、私たちが重要なポイントを表明する機会をも内包しているため、私たちはそれについてお話しします。

時間退行催眠術という、記憶を助ける手段とされているものに有益／有害の可能性は無限にあります。しかしそれは催眠術師とはいっさい関係がなく、催眠術をかけられた人／存在がそこで得た情報をどう利用するかだけにかかわってきます。催眠術師が奉仕することをのぞみ、その奉仕が心からの要請に応じて行われるのならば、催眠術師は奉仕を試みていることになります。

質問者　前回のセッションで、ラーは、第六密度ネガティブの時間／空間から戻る道のりは、第一に、高次《ハイアー》自己《セルフ》がネガティブな時間／空間に入ることに消極的であることを軸に展開すると述べられました。ポジティブとネガティブの時間／空間に対する高次自己《ハイアーセルフ》の位置づけと、なぜ高次自己《ハイアーセルフ》はネガティブな時間／空間に入ることに消極的で、心／身体／霊複合体は戻る道を見つけるためにネガティブな空間／時間に転生する必要があるのか説明していただけますか？

ラー　私はラー。手みじかに言えば、あなたはご自分の質問に答えています。より正確に情報を得るためにさらに質問してください。

質問者　なぜ高次自己《ハイアーセルフ》はネガティブな時間／空間に入ることを厭《いと》うのでしょうか？

ラー　私はラー。高次自己《ハイアーセルフ》が自分の心／身体／霊複合体がネガティブな時間／空間に入ることをためらうのは、あなたがたの社会複合体の人／存在が刑務所に入るのをためらうのと同じであるというごく初歩的な理由からです。

質問者　私はこの時点で、高次自己《ハイアーセルフ》と、その心／身体／霊複合体との関係についてもっと理解できればと思っています。高次自己《ハイアーセルフ》には第六密度の心／身体／霊複合体があり、それはこの場合、ネガティブな時間／空間に置き換えられた心／身体／霊複合体とは別のユニットということになりますか？

ラー　私はラー。それで正しいです。高次自己《ハイアーセルフ》は第六密度中盤の存在であり、ふり返ってその奉仕を自己に提供するのです。

質問者　私は、たとえば私がこの密度で表現している心／身体／霊複合体と、私の**高次自己**《ハイアーセルフ》について、あやまった概念をもっていると思います。これはおそらく私の時空間についての思い込みから来ているのでしょうから、このあたりを整理してみたいと思います。いまの私は、自分はここと第六密度の中盤という二つの異なる場所に同時に存在していると考えています。それで正しいですか？

ラー　私はラー。あなたはすべてのレベルで同時に存在しています。あなたの**高次自己**《ハイアーセルフ》は第六密度中盤にいるあなたであり、あなたがたの時間の測定法において、あなたの**高次自己**《ハイアーセルフ》はあなたの〝未来〟にいるあなたの自己であるというのも当然正しいことになります。

質問者　第六密度中盤より下のレベルに存在するすべての心／身体／霊複合体には第六密度中盤レベルの**高次自己**《ハイアーセルフ》がいると推測しますが、それで正しいでしょうか？

ラー　私はラー。それで正しいです。

質問者　この状況が言わんとしているのは、個人の**高次自己**《ハイアーセルフ》は、その類似体である心／身体／霊複合体をある程度の範囲で操作して、それに体験を積ませるためにより低い密度を移動させ、最終的にはその体験を第六密度中盤で**高次自己**《ハイアーセルフ》に伝えさせたり融合させたりしているということでしょうか？

ラー　私はラー。それは正しくありません。高次自己《ハイアーセルフ》が過去の自己を操作することはありません。可能なかぎり保護し、求められれば導きますが、自由意志の力が何にも勝ります。あなたがたの間で〝真の同時性〟というものの存在が受け入れられるようになったとき、決定論と自由意志の間の見せかけの矛盾は解消されるでしょう。高次自己《ハイアーセルフ》は、心／身体／霊複合体がその時点までに体験したすべての進化／発達の最終結果にほかなりません。

質問者　すると私たちの目の前にあるのは、諸密度をへて第六密度中盤にいたる長い経験の道のりであり、それは完全に自由意志の働きによるもので、結果的に第六密度中盤の高次自己《ハイアーセルフ》の気づきにつながります。しかし、時間は幻影であり、いわゆる時間と空間の統合や私たちが時間と考えるものの消滅があるため、諸密度を上昇しての進化をもたらす高次自己《ハイアーセルフ》に至るこの体験は、すべて進化が起こっている間じゅう存在しています。しかも、それはすべて同時進行です。それで正しいですか？

ラー　私はラー。私たちは、形而上学的存在の概念を理解することのこの上ないむずかしさを承知していますので、正しさについて述べることはひかえます。あなたの自己が空間／時間とまったく同様に存在している時間／空間では、すべての時間が同時進行しています。それはちょうど、あなたがたの地理上の都市や町村がすべていっせいに機能していてにぎやかで、自分の仕事に取り組む人々で活気づいているのと同じです。それは自己のいる時間／空間においてもそのかぎりなのです。

質問者　第六密度中盤に存在する高次自己《ハイアーセルフ》は、体験のネガティブな道とポジティブの道が合流して一つになるポイントに在るようです。それには何か理由があるのでしょうか？

ラー　私はラー。この題材は以前に取り上げています。

質問者　ああ、そうでした、すみません。不注意でした。

さて、ポジティブな人／存在がネガティブな時間／空間に置き換えられた場合、高次自己《ハイアーセルフ》はネガティブな時間／空間に入ることに不本意であることはわかりました。そして何らかの理由で、心／身体／霊複合体がネガティブな空間／時間に転生する必要が生じます。なぜネガティブな空間／時間での転生が必要なのでしょうか？

ラー　私はラー。まずは〝不本意〟という概念を方程式から外してから、より的をしぼってあなたの質問にお答えしましょう。それぞれの時間／空間は、特定の種類または振動の空間／時間の類似物です。人／存在がネガティブな時間／空間に入った場合、つぎの体験は適切な空間／時間の体験になります。これは通常、心／身体／霊複合体の〝形づくる〟体が、当人／存在を転生のための適切な時間／空間に配置することによってなされます。

質問者　私はこの点に関してかなり混乱していますので、理解を助けてくれそうな質問をいくつかさせていただきます。なぜなら**創造主**や創造世界全般を理解する上で、ここはかなり重要なポイントなのではないかと思うからです。

第四密度、第五密度、あるいは第六密度の**ワンダラー**が、現在私たちが存在しているこの第三密度の状態で死をむかえた場合、死後は第三密度の時間／空間に存在することになるのでしょうか?

ラー　私はラー。それは**九人評議会**に承認された計画しだいです。**ワンダラー**の中には自身の提供を一回の転生だけにとどめる人もいれば、最後の二つの二万五〇〇〇年周期をふくむ、あなたがたの時間で言う〝さまざまな長さの期間〟に自身の提供がおよぶ人もいます。**ワンダラー**の心／身体／霊複合体は、合意にもとづく任務の完了をもって故郷の振動へと帰還します。

質問者　この惑星には五万年も前から**ワンダラー**がいたのでしょうか?

ラー　私はラー。はい、ごく少数ですが。この最終の二万五〇〇〇年周期に参加することを選んだ人はもっと大勢います。収穫のためにやってきた人はさらにもっと大勢います。

質問者　さて、私が混乱している点ですが、**ワンダラー**が肉体の死のあと故郷の惑星に戻れるのであれば、なぜその人／存在を、ネガティブな時間／空間からネガティブな空間／時間に転生させるのではなく、直接故郷の惑星に向かわせることができないのでしょうか?

ラー　私はラー。くり返しになりますが、先に言及したネガティブな時間／空間における位置とは、プレ転生つまりつぎの転生に臨むために用意された位置のことをいいます。心／身体／霊複合体は、黄色光線が活性化した身体複合体が亡くなると、ひじょうに異なった時間／空間の部分に移動します。そこでは、別の転生体験に向かう動きが起こる前に、藍色の身体（藍色体）による多くの癒しと見直しが行われます。

私はあなたの側に、時間／空間と空間／時間は均質でないという初歩的な誤算があるのを認識しています。時間／空間は空間／時間と同様に、幻影、遊戯《ダンス》、パターンからなる複雑で完結した体系であり、あなたがたが自然法則と呼ぶもののように構造化されています。

質問者　先ほど話された件についてもう少し情報が得られればと思い、お尋ねします。

あなたがたが一万八千年前と一万一千年前に宇宙船でこの惑星を訪れた際、そのときの乗りものは釣り鐘型宇宙船《ベルクラフト》と呼ばれ、ジョージ・アダムスキー氏によって写真撮影されています。私の見方が正しければ、それらの宇宙船はどこか釣り鐘のようで船体上部に舷窓があり、底面には１２０度の間隔で三つの半球がついています。それで正しいですか？

ラー　私はラー。それで正しいです。

質問者　それらは時間／空間で構築されたのですか、それとも空間／時間で構築されたのですか？

ラー　私はラー。私たちの回答はどうしても複雑なものになりますので、どうかご辛抱ください。

思考からなる構造物は時間／空間に形成されました。時間／空間のこの特定部分は光速に迫るものであり、時間／空間のこの部分に接近すると、時間は無限になり質量もなくなります。そのため、その時間／空間のいわゆる境界の強度すれすれで通過できるものは、のぞむ場所に配置されることがかなうのです。

こうしてのぞむ場所に到着した私たちは、その光の構造物を水晶の釣り鐘《クリスタルベル》のように見えるものでつつみました。それは境界を超えて空間／時間に形成されたため、時間／空間または非物質的構造物と、空間／時間または物質化された構造物という二つの構造物がありました。

質問者　とくにああした形状が選択されたこと、なかでも船体の底部の三つの半球には理由があるのでしょうか？

ラー　私ラー。それらは審美的にすぐれ、あなたがたの空間／時間を動機づける要因をつくり出すという限定的な使途に適していると見なされたのです。

質問者　底面の三つの半球には動機づけの原理が含まれていたのでしょうか、それとも単に美的感覚によるものですか？　あるいは着陸装置なのでしょうか？

ラー　私はラー。それらの半球は美的であり、推進システムの一部でした。着陸装置ではありません。

質問者　不調法な質問ばかりで申し訳ないのですが、私は空間／時間、時間／空間、そして進化のメカニズムという、きわめて難解な領域について何かを見極めたいのです。私たちの進化を理解するうえでここは核心部分であると思うのですが、確信があるわけではありません。いたずらに時間を浪費しているだけかもしれません。私のこうした追求はやはり時間の無駄なのか、それとも有意義なのかについてラーにコメントがいただければと思います。

ラー　私はラー。空間／時間（すなわち物理学）、および時間／空間（すなわち形而上学）の概念は機械的なものであり、心／身体／霊複合体の霊的進化の中核にあるものではありません。しかしこの題材は言ってみれば、ちょっとした関心事にすぎず有害なわけではありません。いっぽう愛と光の探求は、そうした概念を深く掘り下げている人／存在たちの、統合に向かう動きにおいてはるかに生産的であると言えます。

質問者　私がそうした質問をしたのは、進化のテクニックをより深く理解するために、主として、時間／空間と空間／時間が心／身体／霊複合体の進化にどのように関わっているかを理解したり、そこからわずかでも気づきを得るための基盤をつくりたかったからです。たとえばあなたはこうも述べられています。ネガティブな時間／空間にいるのに気づき、ネガティブな空間／時間への転生を余儀なくされたポジティブな人／存在は〝当人が自己愛の課題の学び／教えを完了したなら、電位差を解消し、極性を変えることができる〟と。私がやりたかったのは、上記のステップの後に電位差が解消され、極性が変化する可能性があるというあなたの発言の意味を多少なりとも理解するための基盤をきずくことでした。ネガティブな時間／空間に置かれた場合、その電位差を解消する前に、ネガティブな空間／時間に転生して自己愛を学び／教え、第六密度レベルの極性をつちかう必要があるのはなぜなのでしょう？　そのことについて、お話しいただけますか？

ラー　私はラー。これが今回のワークでの最後の質問になります。

ネガティブ性はそれが純粋である場合、一種の重力の井戸のようにそこにすべてを引き込んでしまうため、ネガティブな空間／時間に転生した人／存在は、有意なポジティブ性を維持することができません。それゆえその人／存在は、学習された好ましい極性を記憶にとどめつつ、与えられた触媒を利用し、極性反転の可能性を生じさせるのに充分な極性を蓄積するために自己への奉仕の課題をくり返す必要があるのです。

この一連の質問にはいささか曖昧な部分がたくさんあります。この時点で、質問者は質問を言いかえたり、質問の方向をより関心事の中心に向けていただければと思います。

質問者　次回のセッションでは、もっと関心事の中心に目を向けるよう心がけます。今回のセッションでも、私なりに霊的進化のかなめであると思われるポイントに迫ろうとしたのですが、どうもうまくいかなかったようです。こうした分野で賢く質問するのは、時としてひどくむずかしい場合があります。

それでは、この交信を深めるために、あるいはこの媒体をもっと楽な状態にしてあげるために、私たちに何かできることがあるかどうかだけお伺いしたいと思います。

ラー　私はラー。あなたがたはほんとうに良心的であり、配置の調整もとりわけ良好です。友よ、私たちはあなたがたに感謝しており、あなたがたと話すことができて嬉しく思っています。私たちはこの媒体を消耗させないよう気づかいつつ、あなたがたの最大の助けになるよう努めています。たとえば、使用可能なエネルギーの予備がある場合でも、今回のワーク以降は予備のある状態を維持するようにします。この媒体もその構成を受け入れるよう潜在意識を調整しています。

私はラー。友よ、あなたがたは全員がうまくやっています。私たちは、**一なる無限の創造主**の愛と光にあなたがたをゆだねます。ですから、**一なる無限の創造主**のパワー、そして平和のもとで嬉々として誇らしく前進してください。アドナイ。

session《セッション》 71

September 18, 1981

ラー　私はラー。私は**一なる無限の創造主**の愛と光のなかから親愛のごあいさつを送ります。私たちは今から交信します。

質問者　**最初に、媒体の状態を教えていただけますでしょうか？**

ラー　私はラー。生命エネルギーのゆがみにわずかな改善が見られます。それ以外は前に述べたとおりです。支援グループに、侵害をきたすことなく指摘しておきたいことがあります。それは、媒体の身体複合体のゆがみが残っている間は、やや手厳しい代償を払わずにすませるためにも、生命エネルギーの増加分を身体複合体の活動に使わないよう注意喚起してあげながら彼女を支えるのが好ましいということです。

質問者　このセッションではいくつか異なった質問をさせていただき、実りある研究への入口を設けられればと思います。まずお訊ねしたいのは、収穫に値する度合いを高めることなく、極性だけを高めることは可能であるかということです。

ラー　私はラー。極性と、収穫に値する度合いとの関係は、第三密度の収穫においてもっとも重要です。この密度では、他者への奉仕や自己への奉仕が増せば、ほぼ必然的に、より高次の光を享受する能力が高まります。したがってこの密度では、収穫に値する度合いを高めずに極性を高めることは、ほぼ不可能であると言えるでしょう。

質問者　これはたとえば第五密度のような、より高次の密度でなら可能なのではないでしょうか？　それで正しいですか？

ラー　私はラー。第五密度の収穫では、極性化と、収穫に値する度合いはほとんど関係ありません。

質問者　〝進化を加速させるために、第三密度の顕在化していない存在と連携すること〟という概念について説明していただけますか？

ラー　私はラー。これは多層にわたる質問で、どの層を露呈させたいのかはっきりしません。可能であれば、求める情報をしぼって質問してください。

質問者　〝顕在化していない存在〟を定義していただけますか？

ラー　私はラー。あなたは情報のより深い層を探求されたいようですので、私たちは質問を不毛にすることなく、外なる教えよりやや深層に入り込むよう意図された方法でお答えしようと思います。

顕在化していない存在とは、これまでにも述べてきたように、他の自己を参照することや、他の自己から助けを借りることなく存在し、それ自身の仕事をする存在です。この概念に移行すると、顕在化していない自己と、空間／時間の自己の〝時間／空間の類似体つまり形而上学的自己〟との間の必然的つながりが見えてくるかもしれません。瞑想、沈思黙考、そして〝思考と反応の内なるバランス作業〟とでもいうべき活動は、形而上学的自己とより密接に連携した、顕在化していない自己の活動です。

質問者　第三密度で死のプロセスを経た人／存在は、時間／空間に置かれ、自分が異なった環境にいることに気づきます。そうした人／存在たちが遭遇する時間／空間の環境や特徴、そして転生体験を癒すというプロセスについて説明していただけますか？

ラー　私はラー。あなたがたの空間／時間の音声振動複合体に制約があるため、この質問に的確に回答するのはむずかしいのですが、せいいっぱいやってみましょう。

時間／空間の特徴は、時間と空間の間の不均衡です。あなたがたの空間／時間では、物質の空間的位置づけが幻影のための有形／実体的な枠組みをもたらしています。一方、時間／空間では、あなたがたが時間として知る性質が不均衡を引き受けており、この性質が、人／存在や体験を相対的な意味で無形化／非実体化しています。あなたがたの枠組みでは、それぞれの粒子やコア振動は、超光速の方向から見ていわゆる光速に迫る速度で動いています。

そうした理由から、時間／空間的または形而上学的な体験は、きわめて精緻に調整され、空間／時間の類似物でありながら有形／実体的な性質を欠いたものになります。これらの形而上学的諸次元には、あなたがたが時間と呼ぶものがふんだんにあり、あなたがたが前世と呼ぶ、空間／時間における転生での偏見や学び／教えを見直し、再検討するために使われます。

また、それらの領域には極端なまでの流動性があり、それは人／存在が、癒しのプロセスを完了する前に理解しておく必要のある多くのことを受け入れるのを助けます。あなたがたが現下の空間／時間で時間的にやや固定された状態にあるのと同様に、そこの人／存在たちもやや固定された状態にあります。そこではどの人／存在も、空間／時間での転生で受けとったことを学ぶ／教えるのに適した構成になるよう、〝形づくるもの〟と高次自己《ハイアーセルフ》によって、そうしたやや固定された空間に配置されているのです。

こうした時間／空間の位置に応じて、癒しのプロセスを支援する特定の助っ人たちが存在しています。そのプロセスに含まれるのは、体験の全容を見ること、それを心／身体／霊複合体の総体験を背景に見ること、転生の間に見落とした道標に関わるすべての踏みあやまりについて自己を赦すこと、そして最後に、つぎの学びに何が必要かを慎重に判断することです。これは当人／存在が、霊的進化のプロセスと手段を空間／時間で自覚するようになるまでは完全に**高次自己**《ハイアーセルフ》によって行われ、そのとき当人／存在はすべての決定に意識的に参加します。

質問者　この癒しのプロセスは、ポジティブな時間／空間でも、ネガティブな時間／空間でも同様なのでしょうか？

ラー　私はラー。〝赦して受け入れる〟という空間／時間でのプロセスは、その質が類似している点で、時間／空間のプロセスとよく似ています。しかし空間／時間にいる間は、その転生での出来事の成り行きを転生を超えて確認することはできず、現在のアンバランスを修正することしかできません。一方、時間／空間では、バランスを欠いた行動を修正するのではなく、バランスの欠如を認識することによって自己を赦すことができるのです。

そしてあなたが未来の空間／時間体験と呼ぶものにおいて、そのバランスの欠如を是正する可能性／蓋然性を設定するための判断がなされます。時間／空間の利点は、その壮大な全容に流動性があることです。空間／時間の利点は、暗闇の中で小さな蝋燭《ろうそく》をたよりに精を出すことでアンバランスを修正できることです。

質問者　人／存在がネガティブな極性を選択した場合、癒しや再検討のプロセスはネガティブな道にあっても同様なのでしょうか？

ラー　私はラー。それで正しいです。

質問者　私たちがいま話しているプロセスは、天の川銀河にある多くの惑星で起こっているプロセスなのでしょうか、それともすべての惑星で起こっているのでしょうか？　もしそうなら、どのような割合で起こっているのでしょうか？

ラー　私はラー。こうしたプロセスは、あなたがたのような下位の**ロゴス**たちを生み出したすべての惑星で起こっています。居住できる惑星の割合は約10％です。

質問者　惑星系をもつ恒星の割合はだいたい何％くらいでしょうか？

ラー　私はラー。これは重要な情報ではありませんが無害です。恒星の約32％にあなたがたが知るような惑星があり、別の6％にはある種の物質のクラスター化が見られ、密度によっては居住可能な場合があります。

質問者　すると全恒星の約3％に居住可能な惑星があることになります。そして、こうした進化のプロセスは、既知の宇宙のあちこちで採用されているというので正しいでしょうか？

ラー　私はラー。**一なる創造主**の無限の知識からなるこうしたオクターブは、**一なる無限の創造世界**全域にわたりそのように在りますが、あなたがたが大銀河《メジャー》や小銀河《マイナー》と呼ぶものの下位**ロゴス**たちによってプログラムされたバリエーションが存在します。それらのバリエーションはけっして大きなものではなく、地球上のことなった地域が、同じ音声振動複合体や思いを伝えるためのさまざまなやり方を有しているのに喩えられるでしょう。

質問者　ならば、私たちの太陽のような下位**ロゴス**は、創造された進化のより普遍的な考えを自由意志を使ってほんのすこし変更するだけであり、創造された進化の基本計画は**一なる無限の創造世界**全体で統一されているように思われます。このプロセスは下位の**ロゴス**たちが密度を通して成長し、第一のゆがみの下で原初の思考に立ち戻る道を見つけるためのものです。それで正しいですか？

ラー　私はラー。それで正しいです。

質問者　では、どの人／存在も一つの目的地につながる道にあるわけです。これは、ひじょうに多くの道がひじょうに多くの場所をめぐり、最終的に一つの大きな中心に至るようなものではないかと。それで正しいですか？

ラー　私はラー。それで正しいのですが説明にやや深みが欠けています。どの人／存在もオクターブのすべての密度と下位密度を内包しているため、それぞれがどのような選択をしてどこに導かれようとも、当人の大いなる内なる青写真は他のすべての人／存在のそれと同じであると考えるほうがより適切でしょう。それゆえに、どの人／存在の体験も〝原初の**ロゴス**に立ち戻る旅〟のパターンに該当するのです。これは自由意志によって行われることですが、選択肢の素材となるものは一つの青写真から採用されます。

質問者　**あなたは、純粋なネガティブ性は重力の井戸のように作用して、そこにすべてを引き込むとおっしゃいました。それでまず私が考えたのは、純粋なポジティブ性にもそれとまったく同じ効果があるのではないかということです。それにお答えいただけますか？**

ラー　私はラー。それは正しくありません。高い純粋度にせまるポジティブ性には自由意志を認める要素が強いため、ポジティブ性でのそうした効果ははるかに弱いものになります。ですから、ポジティブに調和した共鳴の中にネガティブな方向性をもつ人／存在が置かれた場合、ネガティブへの極性化は容易でないと感じても、それが不可能であるとは思わないでしょう。

一方、ネガティブな極性は〝他の自己の自由意志〟という概念を受け入れません。そのためネガティブ性が高い純粋度にせまる社会複合体では、他の自己のネガティブ性への引き込みが後を絶たないのです。このような状況に置かれたポジティブな方向性のある人／存在は、他の自己が自由意志を行使するのを望んでいるうちに、自分の自由意志を行使する能力が損なわれているのに気づくでしょう。なぜなら、ネガティブな方向性のある人／存在の自由意志は支配や征服することに向けられているからです。

質問者　これから述べる意見が正確かどうか、コメントをお願いいたします。

魔法の概念について一般的な話をしようと思います。まずは、魔法を〝意識の変容を自在につくり出す能力〟と定義したいと思います。この定義は受け入れていただけますか？

ラー　私はラー。この定義は、達人が担うべき負荷を達人に課すという意味で受け入れることができます。あなたがたの測定法でいう〝以前〟のワークにおける、顕在化していない自己にかかわる質問を参照することで理解がより深まるかもしれません。魔法では、人は身体、心、そして霊において自身の顕在化していない自己と連携しますが、その組み合わせは仕事の性質によって異なります。

それらの仕事は藍色光線のエネルギー中枢の活性化を強めることで促進されます。藍色光線のエネルギー中枢は、他のすべてのエネルギー中枢と同様に体験によって培われますが、他のエネルギー中枢よりはるかに多くを、私たちが〝人格の陶冶〟と呼んでいるものから与えられます。

質問者　私は、白魔術の儀式の目的は、グループ意識に変容をもたらすことであると考えますが、それで正しいですか？

ラー　私はラー。必ずしもそうではありません。白魔術と呼ばれるものは、自己のみ、あるいは仕事が行われる場所のみを変化させる目的で作用させることもできます。これは自己の〝愛と光に向かう極性化〟を助けることが惑星の振動を助けることになるという知識の下に行われます。

質問者　意識の変容は他者への奉仕、万物との一体感、そして奉仕に資する英知に向かう、より大きなゆがみをもたらすはずです。それで正しいでしょうか？　それ以外にも望ましい結果はありますか？

ラー　私はラー。それらのことばは称賛に値します。白魔術の核心は**創造主**との融合の喜びを体験することにあり、この喜びは必然的にポジティブな達人の人生経験をとおして放射されることになります。こうした理由から、性魔術はネガティブな方向に極性化している達人だけに使用が限定されるものでありません。とりわけ慎重に使用され正しく追究されるのであれば身体、心、霊を**一なる無限の創造主**と結合／融合させることができるため、それは高次の魔法の中に位置づけられているのです。

どのような目的を設定するときも、**一なる無限の創造主**とのこの基本的な融合を考慮に入れることをお勧めします。なぜならこの融合は必然的に他者への奉仕につながるものであるからです。

質問者　白魔術には一定の要件のようなものがあります。ここに書き留めたリストを読み上げますので、これらの哲学的意義や根拠についてコメントしていただき、重要な見落としがあればリストに加えていただければと思います。

1、仕事（ワーク）のための特別な場所。できれば実践者が構築するのが望ましい。

2、魔法の人格を呼び出すための、指輪などの特別な信号または鍵。
3、仕事（ワーク）のときにかぎり着用する特別な衣装。
4、特定の時間帯。
5、望ましい心的ゆがみをつくり出す目的で考案された一連の儀式的音声振動複合体。
6、セッションごとのグループ目標。
このリストに関してコメントをいただけますでしょうか？

ラー　私はラー。このリストにコメントすることは、オーケストラの楽器を見て回りそれらの調整や調律を行う技術職人を演じることと同じです。それらは機械的な詳細であるのに気づいてください。そこに白魔術の技があるわけではありません。

さほど重要でない項目はいわゆる時間帯で、これは人／存在たちが形而上学的体験を意識的コントロールなしで探求するような体験的連結体において重要になります。仕事（ワーク）のくり返しがこの探求に構造を与えており、このグループについては、仕事（ワーク）の時間帯をとくに定めなくてもこの構造の利用が可能です。こうして定期的であることが常に有益であることを指摘しておきます。

質問者　以前のセッションで、ラーはこのようなグループを、ずいぶん長い時間をかけて探し求めたとおっしゃいました。その捜索は、**一なるものの法則**を伝えるためのものであったと推測しますが、それで正しいですか？

ラー　私はラー。それは部分的に正しいです。これまでにも述べてきたように、私たちはまた、あなたがたの過去に私たちが自分たちの愚直さゆえに行なった働きかけで、あなたがたにもたらしてしまったこの法則のゆがみの修復を試みることも考えていました。

質問者　この資料が出版された場合の話になりますが、その愚直さゆえの行動がもたらしたゆがみを修復するために必要な課題を、私たちは現時点で網羅できているのでしょうか？

ラー　私はラー。あなたがたの奉仕を軽んじるつもりは毫もありません。しかし私たちはそれらのゆがみの完全な修復を期待しているわけではありません。私たちは、修復の試みの中で自分たちの考えを差し出すことはできますし、私たちにとっては結果の完璧であることよりも、試みそのもののほうがはるかに重要なのです。あなたがたの言語の性質上、私たちの知る限りでは、ゆがんだものを完全に元に戻すことは不可能ですが、なにがしかの光を当てることは可能です。

空間／時間と時間／空間の関係を知りたいというあなたのご要望に応えて、捜索についてこのようにお答えしましょう。私たちはその捜索を時間／空間で行いました。なぜならその幻影では、人／存在は振動複合体として、グループは振動複合体にかこまれた高調波《ハーモニクス》としていたって容易に見つけることができるからです。

質問者　この交信のもっとも重要な側面は、今ここに転生していて自分の進化過程における役割に気づいて

いる人たちのために、部分的な啓発手段を提供することであると見ています。私はこの推測において正しいですか？

ラー　私はラー。あなたは正しいです。これこそが人／存在が接触する可能性のあるあらゆるすべての人工物や体験の目指すところであり、ラーやこの交信／接触だけに限った特性ではないことを指摘しておきます。

この媒体は、エネルギーの一部を備蓄しておく必要性を意識しつづけることを怠っているようです。そのことの自覚は、私たちに可能な回数のセッションをより長く充実したものにすることにつながるため、内なるプログラムの一環として復活させていただければと思います。私たちはその復活を受け入れることができます。転送されたエネルギーがかなり極端に低下しています。私たちはすぐにも出立しなければなりません。この時点で簡単なご質問はありますか？

質問者　この交信を向上させるために、あるいは媒体を快適な状態にしてあげるために、私たちに何かできることがあれば教えてください。

ラー　私はラー。あなたがたは良心的です。室内装備品の調整については、ひきつづき細かすぎるくらいでいてください。私たちはあなたがたに感謝しています。

私はラー。私は**無限の創造主**の愛と燦然たる光にあなたがたをゆだねます。ですから、**一なる無限の創造**

主のパワー、そして平和のもとで嬉々として前進してください。アドナイ。

{session《セッション》 72}

October 14, 1981

ラー　私はラー。私は一なる無限の創造主の愛と光のなかから親愛のごあいさつを送ります。私たちは今から交信します。

質問者　**最初に、媒体の状態を教えていただけますでしょうか？**

ラー　私はラー。この媒体の身体的エネルギーのゆがみは前に述べたとおりです。生命エネルギーのレベルについては、〝この交信に適切な構成の達成が容易でないこと〟の責任が自分にあるという、この媒体の心複合体の活動のゆがみのせいで通常レベルからやや下向きにゆがんでいます。

質問者　私たちが行なった厄払いの儀式は、仕事の場所を浄化し、望まない影響を遮断する効果があったのでしょうか？

ラー　私はラー。それでかなり正しいです。

質問者　儀式の効果を高めるにはどうすればよいか、教えていただけますか？

ラー　私はラー。いいえ。

質問者　今回の前の二回の瞑想で、媒体が瞑想の中止を余儀なくされたほど完全に意識を失いかけた原因を教えていただくことはできますか？

ラー　私はラー。お教えできます。

質問者　それでは、お願いできますでしょうか？

ラー　私はラー。この媒体に呼びかけるオリオン・グループの存在が、まず媒体にラーとの交信の準備中であると錯覚させて、あなたがたが霊と呼ぶ心／身体／霊複合体を黄色光線の身体複合体から離脱させようとしました。この策略とその結末についてはあなたもよくご存知ですね。この呼びかけを感知した媒体は、すかさず誰かに手を握ってもらうことを求め、身体複合体にグラウンディングするよう努めました。そのためオリオンの存在は最大目的の達成こそできませんでしたが、心／身体／霊複合体がそのまま留まっている無意識と、心／身体／霊複合体が不在のトランス状態を、その場にいた人たちは区別できないことを知りました。

そのため、その存在はめまいを起こさせるあいさつを最大限に利用して、保護のない瞑想において、媒体の場合、失神やめまいと呼ばれるような単純な意識喪失を引き起こしたのです。オリオンの存在は、結果的に、その策略をもちいてラーとの交信達成の機会を反古にしようとしたのです。

質問者　来月、媒体は手の手術を受けることになっています。全身麻酔で意識がない状態に置かれるわけですが、そのことや手術の別の要因が、オリオンの存在の侵入を許してしまうことにならないのでしょうか？

ラー　私はラー。心／身体／霊複合体が黄色光線の身体複合体から離れるときは、かなり具体的な方法で創造主に奉仕するむねを意図している必要があります。したがって侵入の可能性はきわめて低いと言えます。あなたが言うような体験に臨む人が、そうした具体的な奉仕の姿勢で無意識状態にいどむことはまずないでしょうから。

質問者　私たちは、ここには一なるものの法則に関するとても重要な原則があると確信しています。オリオンの存在が力を振るうためには、対する個人の内的姿勢がもっとも重要になるとおっしゃいました。この仕

組みは一なるものの法則に関してどのように働くのか、なぜ人／存在の内的姿勢がそれほど重要なのか、そして、なぜそれがオリオンの存在の行動を可能にするのか説明していただけますか？

ラー　私はラー。無限の創造のいとなみにおいて、**混乱の法則**または**自由意志**はまさに最優先事項です。意図されたものは意図や願望の強さと同じくらい、その対極にあるものを引きつける強さをもちます。

したがって、願望がおざなりで浅薄である人々は、魔法のような状況と呼ばれるような儚《はかな》い構成だけしか体験できません。心／身体／霊複合体が奉仕への意志を調整する際に支点つまり節目となるポイントがあります。その意志や願望が他者への奉仕のためのものであれば、それに対応する極性に活性化が起こります。

このグループの場合、他者への奉仕のための三つの意志が、いわば奉仕への忠誠の中心に媒体を置いた〝一つの意志〟として働いています。これは仕事のバランスと交信の継続のためにそうでなければならないのです。私たちの振動複合体もそうした仕事において一意集中的であり、私たちの奉仕の意志もまた、それなりの純粋度にあります。このことがあなたがたが体験する、対極の誘引をまねいているのです。

他者への奉仕に一意集中するという、自由意志のこのような構成には、大量の光の力を知らしめる可能性があることを指摘しておきます。ただし、このポジティブな光の力は自由意志の下でも作用するものであり、呼び覚ます必要があります。私たちはこれについてはお話しできませんし、指南することもないでしょう。なぜならこの交信の性質上、何よりもあなたがたの自由意志の純粋度が保たれる必要があるからです。したがってあなたがたは経験をかさねる中で、役立ちそうな偏り《バイアス》を見出しながら先へと進んでゆくのです。

質問者　この惑星で私たちや他の人たちに接触してくるネガティブな方向性をもつ存在は、第一のゆがみによる制限を受けています。そして、先程の厄払いの儀式によっても明らかに制限されています。自由意志に関して、第一のゆがみの範囲内で動くために彼らがどのように自分を制限しているのか、また、厄払いの儀式そのものがどのように作用するのか説明していただけますでしょうか？

ラー　私はラー。この質問はいくつかの部分から成っています。第一に、ネガティブな極性をもつものは、必要がないかぎり自由意志に配慮して動くことはありません。彼らは相呼応して、可能であるとふめばいつでも侵害します。

第二に、彼らは大いなる**混乱の法則**によって制限されているため、ほとんどの場合この惑星球体の影響圏に入ることができず、時間／空間のゆがみの窓の使用も、ポジティブな呼びかけに釣り合う（ネガティブな）呼びかけがある場合に限られます。しかしひとたびここにたどりついたなら、彼らの望みは征服することに尽きます。

第三に、この媒体がこの空間／時間から永続的に外されるような場合では、媒体が自由意志で黄色光線の身体複合体から離脱するのを認めてあげる必要があります。（ネガティブな）策略における試みは、その点をふまえて行われます。

（厄払いの儀式で）つくり出される光の形状は、不可侵の壁のようなものとして（ネガティブな）存在たちの前に立ちはだかります。これは、その光の壁の構築の際の呼びかけで呼び出された光の存在たちと一なる**無限の創造主**の諸側面のエネルギーの複合体によるものです。

質問者　奉仕に資する知識を得ようとする私たちのゆがみも、この交信の効力を減じようとするオリオンの存在のゆがみも、この交信に関わる私たちが体験するそうしたすべては、**創造主**がその部分どうしの相互作用を通じて**自分自身**をより深く知るために、完全に自由な環境をつくり出す際の第一のゆがみの結果であると私は考えています。いま述べた内容に関して、私の見方は正しいでしょうか？

ラー　私はラー。はい。

質問者　あなたは前回のセッションで、媒体が増加した生命エネルギーを身体的活動に使用した場合、彼女は〝やや手厳しい代償〟を支払うことになるとおっしゃいました。その手厳しい代償とはどんな性質のものので、なぜそうなってしまうのか教えていただけますでしょうか？

ラー　私はラー。身体的エネルギーのレベルは、心／身体／霊複合体の身体複合体に利用可能なエネルギー量の尺度です。生命エネルギーの測定値は、心／身体／霊複合体の存在のエネルギー量を表しています。

この人／存在は、心複合体の活動や霊複合体の活動、そして〝**創造主**への大いなる導管である意志〟に向から大きなゆがみを有しています。この媒体の生命エネルギーが身体的エネルギーの測定可能な蓄えがないときでも、かなり充実しているのはそのためです。しかし、この意志、心、霊のエネルギーを身体複合体に関わるものに使うと、同じエネルギーを心／身体／霊複合体の深い願望と意志に関わるものに使うときより、生命エネルギーの減少においてはるかに大きなゆがみを引き起こすことになります。この人／存在の場合、そうした願望は**創造主**への奉仕のためにあり、彼女はすべての奉仕を**創造主**への奉仕と見なしています。私たちがその点について、支援グループと媒体自身に注意をうながしているのはそのためです。すべての奉仕がゆがみの深さにおいて等しいわけではありません。この生命エネルギーの使用過多は、文字通り、生命力の急激な低下につながります。

質問者　あなたは大量の光が利用可能であるとおっしゃいました。このグループは適切な儀式によって、その光を媒体の生命エネルギーの再充電に使うことはできますか？

ラー　私はラー。それで正しいです。ただし私たちは、任意の人格をもちあげるような仕事はなさらないよう忠告します。それよりむしろ、自分たちの仕事へのこだわりを大切にしてください。

質問者　〝任意の人格をもちあげる〟とはどういう意味なのか、説明していただけますか？

ラー　私はラー。ヒントであれば提供が可能ですが、説明することは侵害に当たります。私たちは、〝すべては一つである〟ことをご理解いただくようお願いするだけです。

質問者　私たちは厄払いの儀式のヨッド・ヘ・ヴァヴ・ヘ（Yod-Heh-Vau-Heh）にシン（Shin）を入れてヨッド・ヘ・シン・ヴァヴ・ヘ（Yod-Heh-Shin-Vau-Heh）にしました。これは有益でしょうか？

ラー　私はラー。これはとくに媒体にとって有益です。なぜなら、彼女のゆがみはこの音声振動複合体に同調して大きく振動するからです。

質問者　この先にも、グループ瞑想を行う予定があります。そのときまた媒体が瞑想中にチャネルになった場合の保護について心配しています。厄払いの儀式の効果がもっとも大きい時間帯や時間制限はありますか？　また、もし私たちがその儀式で仕事の場所を毎日浄化するようにすれば効果は長続きしますか、それとも瞑想の直前にその儀式を行う必要がありますか？

ラー　私はラー。前者の推測がより正しいです。

質問者　私たちが講じている予防策をもってしても、媒体がオリオンの存在に連れ去られる危険はあるのでしょうか？

ラー　私はラー。オリオンの存在にとってのチャンスは、媒体の気づきと準備状況に完全に依存しています。この媒体はまだ初心者であるため質疑応答にのぞむのは時期尚早です。それはあくまでラーがもちいる形式です。しかし媒体の気づきが高まれば、こうした忠告も不要になるでしょう。

質問者　厄払いの儀式では、なぜ床や底は保護しないのでしょう？　保護するほうが好いのではないでしょうか？

ラー　　私はラー。これが今回のワークでの最後の質問になります。

サイキックなあいさつはエネルギー中枢を介してのみ展開が可能であり、紫色光線と呼ばれる場所から達人のエネルギー中枢を通り、そこから格好の標的《ねらいどころ》に向かいます。あいさつの振動／波動の性質と目的に応じて、それがポジティブであれネガティブであれ、あいさつされる側は望ましい方法でエネルギーを与えられたり塞がれたりするのです。

私たちラーは、紫色光線を介した狭帯域通信でこの媒体にアプローチします。ほかの存在がこの光線をつきぬけて任意のエネルギー中枢に降りてゆく可能性もあります。たとえば私たちにしても、自分たちの**一なるものの法則**のゆがみ／理解を伝える試みの際には、この媒体の青色光線のエネルギー中枢を大いに利用します。

オリオンの存在は、同じ紫色光線をつきぬけて二つの場所に移動し、その非物質的なチャンスのあらかたを試みます。つまり緑色のエネルギー中枢を活性化させ、さらに藍色光線のエネルギー中枢を塞ぐのです。

この組み合わせは身体複合体の働きにおいて媒体の混乱をまねき、ひいては無分別な過活動を引き起こします。それは単に、転生前にプログラムされ、転生した状態において発達したゆがみを露呈させるだけです。

一なる無限の創造主である生命エネルギーそのものは、身体を磁気形状に見立てた場合の南極から流れてきます。つまり、**創造主**だけが足を通って身体のエネルギーの殻の中に入り、なんらかの効果をもたらすことができるのです。かたや達人の効果は上方からのものであるため、光の壁の構築はまさにうってつけであるということです。

この時点で簡単な質問があれば、お答えいたします。

質問者　ただ、媒体をもっと心地よい状態にしてあげるために、あるいはこの交信を向上させるために、私たちに何かできることがあれば教えていただければと思います。

ラー　私はラー。この媒体は、首の部分のゆがみがやや増加しています。そのことに配慮してあげれば彼女はもっと心地よくなるでしょう。友よ、すべてが順調です。ラーはあなたがたの寛容さと忍耐力に敬服しています。交信に適した構成にあるための目的意識や配慮にこだわっていていただけるかぎり私たちの交信は継続が可能です。そうした継続を私たちは受け入れることができます。

私はラー。友よ、私は**一なる無限の創造主**の愛と光に喜んであなたがたをゆだねます。ですから**一なる無**

限の創造主のパワー、そして平和のもとで嬉々として前進してください。アドナイ。

session《セッション》 73

October 21, 1981

ラー　私はラー。私は一なる無限の創造主の愛と光のなかから親愛のごあいさつを送ります。私たちは今から交信します。

質問者　媒体の状態を教えていただけますでしょうか？

ラー　私はラー。この媒体は、生命エネルギーのレベルのゆがみが心もち正常なレベルに近づいてきています。それ以外は、前に述べたとおりです。

質問者　私たちがとり行なった厄払いの儀式は、この交信に役立っていますか？

ラー　私はラー。その儀式はラーとの交信だけでなく、達人によるあらゆる仕事に必要な、交信の純粋度を高める効果をワークをかさねるごとに上げてきています。

質問者　ありがとうございます。

この惑星球体には、私たちがここで得ている情報を求める人々がいます。そうした人たちに奉仕する機会を与えてくださっているラーに、この場をお借りして深謝いたします。

あなたは〝他者への奉仕に一意集中的である自由意志は、大量の光の強さを知らしめる可能性がある〟と述べられました。まったく同じことが自己への奉仕の極性についても言えるのではないかと思うのですが、それで正しいですか？

ラー　私はラー。これは微妙な点で正しくありません。ネガティブな存在または性質と呼ばれるものへの呼びかけや呼び起こしでは、その表現は、ポジティブな方向性をもつ同等の存在／性質の注意も喚起します。しかしそのとき、他者への奉仕の道にある存在／性質ができることは、呼ばれるまで待ち、ただ愛を送ることだけです。

質問者　私が知りたかったのは、思うにこの光の強さの知らしめは、あなたのおっしゃるように、完全に自由意志の作用であるべきプロセスであり、達人の願望と意志、そして願望の純粋度が増すにつれて、光の強さの知らしめも増すのではないかということです。この部分は、ポジティブ（プラス電位）でもネガティブ（マイナス電位）でも同じでしょうか？　また、この記述で正しいのでしょうか？

ラー　私はラー。私たちはただ混乱を避けるために、あなたの当を得た推測をわかりやすく言い直します。

他者への奉仕の道にある人は、奉仕の意志の強さと純粋性のぶんだけ光の力を呼び起こすことができます。自己への奉仕の道にある人は、奉仕の意志の強さと純粋性のぶんだけ闇の力を呼び起こすことができます。

質問者　私はある働きについて推測し、それをはなからあなたがたに修正していただこうと思っていますので、どうも今日の私の発言はまちがいだらけになりそうです。

中央の柱のエクササイズでは、達人は、光がクラウンチャクラから足に向かって降りていくのを見たり視覚化したりするのですが、それは誤りなのではないかと思います。ラーは〝創造主は足から入って上に向かう〟つまり〝その螺旋状の光は足から入って上昇する〟と述べています。光の強さを知らしめる達人であれば、光の使用を視覚化する際、それが足から入ってまず赤色のエネルギー中枢にエネルギーを与え、それから同様な方法でエネルギー中枢を通って上昇するのを視覚化するように思われます。それで正しいですか？

ラー　私はラー。いいえ。

質問者　この意見のどこが間違っているのか教えていただけますか？

ラー　私はラー。はい。

質問者　それでは、お願いできますでしょうか？

ラー　私はラー。ここでは二つの概念を扱います。一つは、小宇宙である心／身体／霊において光を発達させせる大いなる方法です。達人は魔法の仕事をする前に、そのエネルギー中枢をスムーズかつバランスよく最大限に機能させていることが前提になります。すべての魔法の働きは、呼びかけと呼び出しの両方またはどちらかに基づいています。

どのような魔法の働きでも、最初の呼びかけは、あなたにも馴染みのあるいわゆる〝魔法の人格〟への呼びかけです。あなたのいう仕事での最初の工程は、何かを身に着けるという所作によって呼び出されるこの魔法の人格の召喚にとりかかることです。あなたがたは身に着ける衣装や護符を持っていないので、あなたがたがやっていた身振りが適切です。

二番めの工程は、生命の大いなる十字の呼び起こしです。これは魔法の人格の延長上にあり、**創造主**になるためのものです。くり返すことになりますが、すべての呼びかけや呼び起こしは紫色のエネルギー中枢を介して行われます。これはその後使用がのぞまれるどのエネルギー中枢に向けても続けることができます。

質問者　それでは、足元から入ってくる螺旋状の光と、クラウンチャクラを介して呼び出される光の違いについてお話しいただけますか？

ラー　私はラー。意志によって引き寄せられた上向きの螺旋状の光が、**一なる無限の創造主**の内なる光に出合う作用は、心臓の鼓動や肺をとりかこむ筋肉の動き、および副交感神経系の他のすべての機能に喩えることができます。一方、達人の呼びかけは、心／身体／霊複合体が意識的にコントロールする神経や筋肉の働きに喩えることができます。

質問者　以前あなたは、それらの二つの方向性が出合うところが、心／身体／霊複合体の発達度合いを知る目安になると言われたように記憶していますが、それで正しいでしょうか？

ラー　私はラー。それで正しいです。

質問者　呼び出しにおける視覚化は、光をどのように使うかで変わってくるように思います。光は、癒し《ヒーリング》や情報伝達《コミュニケーション》、あるいは創造世界と**創造主**に対する一般認識の促進に使用することができます。このプロセスについてと、私のこの推測は正しいのかどうかお聞かせいただけますか？

ラー　私はラー。この題材を論じ尽くせるかどうかわかりませんが、考えをいくつか提示しようと思います。いずれの視覚化も、仕事の主眼にかかわらず、藍色光線の中でなんらかの作業を行うことから始まります。お気づきかと思いますが、あなたがたが始めた儀式は完全に藍色光線の中でとり行われています。そこが入口《ゲートウェイ》なのですから、それで大丈夫です。光はこの最初の段階から、情報伝達《コミュニケーション》や癒し《ヒーリング》のために呼び出すことができます。

ラーのワークを適切に開始するために私たちが提供した儀式では、第一の焦点が**創造主**にあることを常に意識していてください。さらに私たちは精妙かつ興味深い点を指摘したいと思います。

上向きの螺旋状の光は、その道のりで意志によって発達し、最終的には〝**一なる創造主**の内なる火〟と交わる高い場所に至ります。とはいえそれはまだ、達人が行う可能性のある心／身体／霊への働きかけの準備にすぎません。魔術師がますます自身の求めるものに近づけるよう、それぞれの仕事で使用されるエネルギー中枢では何らかの結晶化が起こっています。

さらに重要なのは、魔法の人格として呼び起こされた〝時間／空間の心／身体／霊の類似体〟には、第三密度の空間／時間の心／身体／霊に利用可能な触媒作用の体験からすみやかに得られる唯一の機会があるということです。このように達人は、人／存在の心／身体／霊の総体とおぼしき、創造のより大きな部分に大きな触媒を提供することによって**創造主**を大いに助けているのです。

質問者　このプロセスの要因は願望と意志であるというので正しいでしょうか？

ラー　私はラー。私たちはそれに一つの質を追加します。魔法の人格では願望と意志、そして極性が鍵となります。

質問者　いま私たちの社会にいる多くの福音伝道者と呼ばれる人々は、大きな願望とさらに大きな意志をもち、そしておそらく大きな極性をもって活動しているかに見えますが、多くの場合、気づきが欠如しているために魔法的な意味で効果的に仕事ができていないように思います。私のこの分析は正しいでしょうか？

ラー　私はラー。部分的には正しいです。他者への奉仕の極性を見るときは、自由意志がもっとも重要視されなければなりません。あなたが言及された人々は、自由意志を抑制する一方で意識にポジティブな変化を起こそうとしています。そのことは、人／存在があなたの言うところの伝道者の働きを積極的に受け入れようとしている場合をのぞき、その働きの魔法のような性質をさまたげます。

質問者　ナザレのイエスとして知られる人物は、この種のコミュニケーションに関してどういった方向性を有していたのでしょうか？

ラー　私はラー。この存在の働きについては、あなたも読んだことがあるでしょう。その存在は、彼の話を聞こうと集まってきた心／身体／霊複合体に対し、教師としてみずからを差し出し、彼の話を聞こうとしない人々にも、余地を残すためベールを通しているかのように話をしています。この存在は、癒しを求められるとしばしばそれに応じましたが、施術の終わりに必ず二つの忠告をしました。一つめは、癒された人／存在は自分自身の信仰、つまり〝紫色光線を介して知的エネルギーの入口《ゲートウェイ》に至る変化を許して受け入れる能力〟によって癒されたのだということ。二つめは、〝（この癒しの体験については）誰にも話してはならない〟ということです。その行いは、仕事のポジティブな純粋性に忠実でありながら、自由意志の最大の質を極めようとするゆえの働きかけにほかなりません。

質問者　**達人の施術そのものを他の人／存在が観察した場合、その施術の結果として魔法かと見まごう事象が起こるため、（観察者の）自由意志が部分的に侵害されるように思われます。これは、普通でないあるいは許容範囲を超えたあらゆる現象に広く当てはまります。このパラドックスは癒し《ヒーリング》の際にもよく問題視されますが、その点についてお話しいただけますか？**

ラー　私はラー。私たちは一**なるものの法則**の慎ましきメッセンジャーです。私たちにパラドックスはありません。魔法のように見えるがゆえに自由意志を侵害しているかに思える働きは、それ自体そうあるわけではありません。なぜなら、知覚のゆがみは目撃者の数だけ存在し、どの目撃者も自分が見たいものを見るからです。こうした状況下で自由意志の侵害が起こるのは、仕事を行う人／存在が、その働きを自分や自分の能力に帰するものであると主張している場合だけです。かたやその働きは自分から生じたものではなく、自分を通してもたらされただけであると言明する人／存在が自由意志を侵害することはありません。

質問者　**イエスとして知られる存在には12人の弟子がいました。彼は何のために弟子たちを連れていたので**

しょうか？

ラー　私はラー。もし学ぶ人／教える人がいなければ、教えること／学ぶことに何の意義があるでしょう？　この存在に引き寄せられた人たちは、結果はどうあれ、この存在に受け入れられたのです。この存在は自分の在り方と、（真実を）語ることが自分の使命であるという感覚から、自分に与えられた栄誉／義務を受け入れていたのです。

質問者　**火のエクササイズでは、ヒーラーは私たちが話していた、クラウンチャクラから入ってくるエネルギーと同じエネルギーで仕事していると推測しますが、それで正しいでしょうか？**

ラー　私はラー。この一連の研究を続ける上であなたの考察に必要となる注釈をいくつか加えることを前提に、それで正しいです。

魔法の人格が癒しの仕事のために緑色光線のエネルギー中枢に着座すると、そのエネルギーは身体エネルギーが通る結晶性の中枢であると見なすことができます。かくしてこの特定の癒し《ヒーリング》は、達人のエネルギーと、上向きの螺旋をえがく光のエネルギーの両方を使用します。緑色光線の中枢がさらに輝きを増し、これが過剰な活性化ではなくむしろ結晶化を意味することがわかると、身体複合体の緑色光線の中枢のエネルギーは、螺旋を二回えがきます。まず、緑色光線のエネルギー中枢から時計回りに右肩、頭、右肘、太陽神経叢を通って左手へ。これにより身体複合体のエネルギーがすべて経路に流れ込み、それからもういちど時計回りに、右から……この媒体を修正します……左から足、右手、頭頂、左手というように大きな円をえがきます。

このように入ってきた身体エネルギーは、達人の人格によって結晶化され、規則化され、誘導されて緑色光線のエネルギー中枢に到達し、その後、肉体のある達人の結合エネルギーとなって癒しを求める人／存在に提供されることになります。この基本的な状況は、チャネルを介した癒し《ヒーリング》に取り組む人／存在の場合でも達成が可能です。

質問者　この、光の移動／伝達と思われるものが、癒される側にどのような影響を与えるのか教えていただけますか。

ラー　私はラー。極性化という影響を与えます。人／存在は、提供されたこの極性化された生命エネルギーを、いかなる割合ででも、受け入れることも受け入れないこともできます。按手による場合、このエネルギーはより具体的に導かれ、そのエネルギーを受け入れる機会も同様により具体的なものになります。

この形での試みは**王の間**の効果を意図したものではなく、むしろエネルギーの低い人に、そうしたエネルギーを蓄積する機会を与えるものであるのがわかるでしょう。病気と呼ばれるあなたがたのゆがみの多くは、こうした手段による回復が見込まれるでしょう。

質問者　一般的な話になりますが、見たところ、ヒーラーとクライアントの全体像は、癒される側に一つ以上のエネルギー中枢に詰まりがあるため（ここでは考慮の対象を一つにしぼります）、あるいはその詰まりのため七つの体の一つをつくる上向きの螺旋状の光がその体の維持／管理をはばまれ、その結果、その体は完璧な状態からゆがみを起こし、それらを私たちは病気、または身体の不完全な状態つまり異常と呼んでいるというものです。ヒーラーは自分のエネルギー中枢を適切に構成し、その適切に構成されたエネルギー中枢を介して下向きに注ぐ光を癒される人に流すことができます。癒される側がこの光を受け入れる心的構成にあれば、光はその身体複合体に流れ込み、詰まりによって生じていたゆがみを構成し直します。この意見には誤りがあると思いますので、修正していただけますでしょうか？

ラー　私はラー。あなたの誤りはささやかです。のちのち必ず視野に入ってくる予備的な資料があるため、この時点であなたの意見を大きくあらためることはひかえます。癒し《ヒーリング》にはさまざまな形態があります。多くの場合、達人のエネルギーのみが使用されますが、火のエクササイズでは身体複合体のエネルギーもいくらか導入されます。

さらに、癒しをのぞむ人が誠実かつ真剣であるにもかかわらず、その人が、あなたが依然として〝ゆがみ〟と呼ぶほどに癒されないままである場合は、当人が転生前に行なった選択を検討してみてもよいでしょう。そしてそのような人／存在へのより有益な支援は、その人が体験する可能性のある制限を肯定的に利用することについて瞑想するよう提案することかもしれません。また、そのような場合には、しばしば藍色光線の働きが役に立つことも指摘しておきます。

今回のワークでは以上の指摘を除いて、あなたの意見にコメントすることはできません。

質問者　他者への奉仕の道にある人にとってもっとも重要なのは、波動／振動としか説明しようのない、内的姿勢の進化であるように思えます。このような進化は、瞑想、儀式、そして創造世界や**創造主**への感謝の気もちを深めることによって起こり、その結果、私には〝波動の上昇／振動の増加やあらゆるすべてとの一体感〟としか表現しようのない心の状態をもたらします。この意見を発展させて修正していただけますでしょうか？

ラー　私はラー。私たちはあなたの意見を修正するのではなくむしろ発展させるべく、それらの資質に〝日々毎瞬毎瞬を生きること〟を加えてはどうかと思います。なぜなら、真の達人はいよいよあるがままを生きているからです。

質問者　ありがとうございます。
二つ以上の心／身体／霊複合体の間で可能なエネルギー移動／伝達の数を教えていただけますでしょうか？　かなりの数にのぼりますか、それともその逆ですか？

ラー　私はラー。その数は無限です。どの心／身体／霊複合体もそれぞれにユニークなのではなかったでしたでしょうか？

質問者　〝二つの心／身体／霊複合体の間のエネルギー移動／伝達〟というくだりを定義していただけますか？

ラー　私はラー。これが今回のワークでの最後の質問になります。この人／存在にはまだ使用可能な転送エネルギーがありますが、首、背中、そして手首と手先の付属物において痛みに向かうゆがみが急速に増加しています。

身体エネルギーの移動／伝達にはさまざまな方法がありますが、ここでは二つ例を挙げてみましょう。それらはどちらも、**創造主**としての自己の感覚、あるいは何らかの形で魔法の人格が呼び覚まされたかのような感覚から始まります。これは意識的あるいは無意識的に行われます。

身体エネルギーの移動／伝達の一つめの例は、これまでにもお話ししている〝火のエクササイズ〟です。これは身体エネルギーの移動／伝達ではありますが、身体複合体の組み合わせに深く関わるものではありません。したがって移動／伝達は微妙であり、何が差しだされ、何が受け取られるかという点でそれぞれの移動／伝達はユニークです。この時点で、可能なエネルギー移動／伝達の方法が無限に存在している理由がおわかりでしょう。

二つめの例は、性的なエネルギー移動／伝達です。これは、緑色光線を活発に振動させているすべての人／存在たちによって非魔法的なレベルで行われます。**一なる無限の創造主**への奉仕に献身的なこの媒体の場合のように、このエネルギー移動／伝達はさらに洗練させることが可能です。そして（相手である）他の自己もまた一**なる無限の創造主**への奉仕に献身的であるならばこの移動／伝達は倍増します。その場合、移動／伝達されるエネルギーの量は、生成され放出される極性化された性的エネルギーの量にのみ依存します。しかし、そこからさらなる洗練がなされることで、高次の性の魔法の領域に至ることができるのです。

メンタル体の領域では、移動／伝達される心的《マインド》エネルギーにバリエーションがあり、これもまた、求められる知識と差し出される知識によって変わることになります。もっとも一般的な心的エネルギーの移動／伝達は、教師と生徒の間のものです。エネルギーの量は、教師の側は、提供の姿勢および情報の質と、奉仕への願望の純粋さに依存し、生徒の側は、学びたいという願望の純粋さと、知識を受け取る心《マインド》の振動複合体の質に依存します。

心的《マインド》エネルギーの移動／伝達のもう一つの形は、聞き手と話し手のものです。話し手が苦しみや悲しみやその他の精神的苦痛に向かう心的／感情複合体のゆがみを体験している場合、これまでにも述べてきたことから、この移動／伝達に可能なバリエーションに関する知見が得られるかもしれません。

もっとも重要なのは**創造主**としての自己と他の自己を知ることであり、それが霊的な働き／仕事であることから、霊的なエネルギー移動／伝達はすべてのエネルギー移動／伝達の中心にあります。霊的なエネルギー移動／伝達の種類には、きょう私たちが達人を題材にお話ししたようなことも含まれています。

私たちがこのワークを終える前に、簡単な質問はありますか？

質問者　媒体の快適さとこの交信を向上させるために私たちに何かできることがあれば教えていただきたいのと、今日のセッションの内容で、書籍への掲載を希望されない部分があればご指摘いただければと思います。

ラー　私はラー。あなたがたに注意していただきたい項目が二つあります。まず一つめは、セッションごとに10度ずつ螺旋状に動かすようにしている蝋燭は、溶けた蠟がこぼれないようにしてください。これは、この媒体の防護の役割をになう室内装備の配置に不均衡を生じさせないためです。二つめは、媒体の首の部分に気を配ってください。首を支えるクッションはもっと心地よいものでなければなりません。その部分の不快感のためにワークがしばしば短縮されています。

友よ、私たちはあなたがたの良心と、私たちの仕事が進むにつれてあなたがたの室内装備に対するこだわりが増していることにたいへん感謝しています。

なお、掲載内容については、あなたがたの判断に一任させていただきます。

私はラー。友よ、私は**一なる無限の創造主**の愛と光に喜んであなたがたをゆだねます。ですから、**一なる無限の創造主**のパワー、そして平和のもとで嬉々として前進してください。アドナイ。

{session《セッション》 74}

October 28, 1981

ラー 私はラー。私は**一なる無限の創造**主の愛と光のなかから親愛のごあいさつを送ります。私たちは今から交信します。

質問者 **最初に、媒体の状態を教えていただけますでしょうか?**

ラー 私はラー。前に述べたとおりです。

質問者 **新しい内容に入るまえにお訊きしたいことがあります。前回のセッションで、〝その働きは自分から生じたものではなく、自分を通してもたらされただけである〟というくだりで小さなエラーが発生し、私**

がその場で修正しました。これは送信エラーだったのでしょうか？　原因は何だったのでしょうか？

ラー　私はラー。この媒体は、私たちの狭帯域《ナローバンド》の交信に対して完全に開いていますが、痛みと呼ばれるゆがみがときおり唐突に強まって、そのせいで一時的に交信が弱まることがあるのです。この媒体の身体複合体には、あなたがたが〝この二週間〟と呼ぶ期間に、そうしたゆがみの増加がふだんより頻繁に起こっています。これは本来、交信に支障をきたす現象ではないのですが、前回のワークでは二度発生し、いずれも交信の修正や調整が必要になりました。

質問者　**トランス状態について教えていただけますか？　身体複合体はトランス状態では痛みを感じないと思っていたため、トランス状態の媒体に痛みが影響を与えたことに少々とまどっています。**

ラー　私はラー。それで正しいです。媒体には痛みも含めて何の感覚もありません。しかし私たちラーは、黄色光線で活性化された身体複合体を話をするためのチャネルとして使っており、媒体の心／身体／霊複合体がこの身体的な殻を離れるときはその殻の保護と管理をうけおい、交信が首尾よく行われるよう微調整しています。

しかしあなたが〝痛み〟と呼ぶゆがみは、よくよく深刻な場合は適切な交信に不利に作用し、増大したゆがみが激しければチャネルの同調が揺らぐ原因になります。こうした揺らぎは修正を要しますが、媒体はその機会を無制限に提供してくれるため、私たちは修正を手がけることができているのです。

質問者　以前のセッションで、原型的な心《マインド》に関する質問のお答えに、未完のものがありました。それで、ぜひその続きをお願いしたいと思います。その質問をもういちど読みなおす必要はありますか？

ラー　私はラー。一般的に、質問と回答は同じ空間／時間で振動させるのが好いと思われますが、今回は、これらの音声振動性複合体を録音しているこの時点で、以前のワークにおける質問の場所を〝注※〟で示していただくのでもかまいません。

この質問は思慮に富んではいるものの、原型的な心の性質がじゅうぶん認識されているとは言えません。私たちは自分を学ぶ／教える人になれる程には、他者のために教え／学ぶことはできないのかもしれません。そこで、私たちはこの興味深い題材についていくつか一般的な補足をし、質問者には質問を吟味してさらに絞り込んでいただければと思います。

原型的な心は、この惑星球体の**ロゴス**に特有な心として定義することができます。つまり大いなる宇宙の〝全一心《オールマインド》〟とはちがい、それには**ロゴス**が大いなる宇宙的在り方を洗練させようと喜んで提供した素材が含まれているのです。なので、原型的な心とは心や体験に影響を与えうるすべての側面を含む心であると言えます。

あなたは重要な原型《アーキタイプ》として**魔術師**を挙げていましたが、原型的な心のこの部分が、深い潜在意識の一部ではなく意識的な心、とくに意志を表していることは認識されていませんでした。一部で**女教皇／女大祭司**と呼ばれている原型《アーキタイプ》は、先の原型《アーキタイプ》に対応し、直観力や潜在意識の能力を表しています。

原型的な心と関連づけながら人／存在を観察してみましょう。小宇宙の心／身体／霊と、**創造主**にせまる原型的な心／身体／霊との対応関係を活かす可能性を見てゆくこともできます。たとえば、あなたがたはこの場所を浄化するための儀式で〝ヴェ・ゲブラー（Ve Geburah）〟という言葉を使っています。それが**一なる無限の創造主**の一部または一側面であるというのは正しい想定ですが、原型的な心とさまざまな対応関係にあり、そうした関係は達人によってより洗練される可能性があります。〝ヴェ・ゲブラー〟はミカエル、火星、男性性、ポジティブに対応し、〝ヴェ・ゲドゥラー（Ve Gedulah）〟は木星、女性性、ネガティブ、**生命の樹**のウリエルに関係する部分に対応しています。

私たちは、この二つの項目をもっと洗練させて原型的な心を掘り下げることができ、色との対応や、他の原型との関係などを論じ合うこともできますが、これは達人の仕事であって、教える／学ぶ人の仕事ではありません。私たちは原型的な心の諸側面に対応できる学問体系の存在を示唆するにとどまりますが、そのいずれかを選んで地道に取り組んでみるのは好いことでしょう。達人がこれまでに明文化されてきたことを超え、原型《アーキタイプ》を自由に呼び出せるような関係を築けるのであればなおさら好いことに思われます。

質問者　ここで意見を述べますので、それを修正していただければと思います。

人格を高めることは、藍色光線のエネルギー中枢をはぐくみ、低次のエネルギー中枢の詰まりを除去し、

※注　該当するのは、セッション67のＰ２３４、２３５の最後の質問です。

ひいては光の上向き螺旋のスムーズな流れが藍色の中枢に到達することを可能にするため、白魔術師のパワーに影響を与えるものと思いますが、それで正しいですか？

ラー　私はラー。いいえ。

質問者　私の意見を修正していただけますか？

ラー　私はラー。達人の仕事にとって、藍色の中枢は確かにとても重要です。でもそれがどれほど結晶化されていても、他のエネルギー中枢の不均衡や詰まりを修正することはできません。それらは赤色（の中枢）から上方向に順番にクリアにしていく必要があるのです。

質問者　自分が理解できているのか正確にはわかりません。私がお訊ねしたいのは、人格の陶冶がどのように藍色光線のエネルギー中枢をはぐくみ、白魔術師のパワーに影響を与えるのかということです。この質問は意味をなしていますか？

ラー　私はラー。はい。

質問者　それではお答えいただけますか？

ラー　私はラー。よろこんでお答えします。前のご質問は別の趣旨のものと理解していました。

藍色光線は達人の光線です。藍色光線のエネルギー中枢の結晶化は、心／身体／霊が、空間／時間でのバランスした状態を超えて空間／時間と時間／空間の結合領域に入り始めたときの能力の高まりと同一視されます。

質問者　人格の陶冶がもたらす効果について、私の考えは間違っているのかどうかここで確認させてください。私は、一人の仲間／存在に対していわゆるバランスのとれた態度がとれるよう人格をみがくことで、オレンジ色光線のエネルギー中枢がある程度までならそこそこにクリアになり、バランスが整うのではないかと推測しています。それで正しいでしょうか？

ラー　私はラー。あなたのお話は間違ってはいませんが、完全ではありません。陶冶された人格は他の自己に向き合ったとき、独自のバランスに則してすべての中枢のバランスがとれています。そのため他の自己は鏡にうつった自己を見るのです。

質問者　進化のプロセスを意識している人にとっては、人格の陶冶はもっとも重要な取り組みであるとする私の意見は正しいでしょうか？

ラー　私はラー。まことに。

質問者　私が知りたいのは、そうした修養がエネルギー中枢や白魔術師のパワーにどのような影響を与えるのかということです。それはどのように作用するのでしょうか。教えていただけますか？

ラー　私はラー。人格の陶冶の心髄は三つの部分からなっています。一、自己を知ること、二、自己を受け入れること、そして三は、**創造主**になることです。

三つめの段階は、それが達成されたあかつきには、人はもっとも慎ましい奉仕者となり、人格において透明になり、他の自己を熟知して完全に受け入れることができます。魔法の働きの探求との関連では、人格を継続的にみがき高めることにより、達人は自己を知り、自己を受け入れ、それによって**創造主**につづく大いなる藍色の入口《ゲートウェイ》への道を切り開くことになります。**創造主**になるということは、在るものすべてになるということです。したがってそこには、それをもって達人が学び／教えを始めるという意味での人格／個性はありません。藍色光線の意識の結晶性がより高まると、もっと多くの仕事ができるようになり、より多くのことが知的無限から表現されるようになるのです。

質問者　あなたは〝他者への奉仕の働きは、大量の光の強さを知らしめる可能性がある〟とおっしゃいました。それはどのように作用し、どのように使われるのか具体的に説明していただけますでしょうか？

ラー　私はラー。あなたがたの電話のダイヤル操作のような働きをする音声振動複合体があります。それらが意志と集中をともなって然るべく振動すると、まるであなたの形而上的な次元、つまり内なる次元の多くの存在が電話を受けたかのようになります。すると彼らはその呼びかけに、あなたの仕事に注意を向けることで応えてくれるのです。

質問者　そうした音声振動複合体はいくつもあります。私たちの社会でもっとも顕著なのは、魔法の達人が使うものではなく教会で使われるものです。私たちの教会で手広く使われているものと、達人が使う特殊な魔法の呪文とでは効果にどのような違いがありますか？

ラー　私はラー。もしもあなたがたのさまざまな教会に集うすべての人が自覚のもとに、意志力、探求力、集中力に満ち、召喚について熟知した達人であったなら、効果に違いはありません。呼び出しの効果は、呼び出す人たちの魔法の資質、つまり望まれる意識状態への変容を求める願望のつよさに依存します。

質問者　私たちは防護のための儀式を選ぶにあたり、最終的に『五芒星の小（追儺）儀式』で合意しました。これらの音声振動複合体は、あなたが話されたような、内なる次元の存在たちに知らしめるタイプに相当するものと推測しますが、それで正しいですか？

ラー　私はラー。それで正しいです。

質問者　かりに私たちが、一連の防護において初めて使用する言葉を使って私たちなりの儀式を考案した場合、さきに選んだ儀式に対する、私たち独自の儀式の相対的なメリットはどのようなものになりますか？

ラー　私はラー。メリットは少ないでしょう。儀式を構築するときは、ポジティブかつ、他者への奉仕的なパワーのある名称が記された、書物などの内容を研究するのが好いと思われます。

質問者　私は、儀式を行うときの〝電話〟の呼び出し音の音量を、儀式をとり行う実践者の効率に喩えてみようと思います。儀式の効率に影響を与える要素はいくつか考えられます。まず、実践者の奉仕への意欲、魔法の人格を呼び出す能力、そして儀式を行うときの視覚化の能力です。これらの要素の相対的な重要性と、それぞれどうすれば強化できるか教えていただきたいのですが。

ラー　私はラー。この質問は過分に特定的です。もっとも重要なのは、達人が、学ぶ側／教える側としての自身の成長を実感していることです。

そして私たちにお伝えできるのは、あなたが魔法の人格の重要な趣旨を正しく推測しているということだけです。これはそれ自体が学びであり、適切な感情をともなう意志、極性、そして純粋さがあれば、適切な音声振動複合体があってもなくても仕事は可能です。しかし外科用メスが使えるところで、わざわざ鈍器を使う必要はありません。

質問者　従来の儀式に効果がある理由は、そこで使われる言葉が、そうした分野に関与してきた人々の意識に偏りを生じさせ、私たちが求める心的ゆがみをもつ人たちがその一連の言葉による意識への刷り込みに応じるようにしたからではないかと思います。それで正しいでしょうか？

ラー　私はラー。これはおおむね正しいですが、いわゆるヘブライ語とサンスクリット語の一部の母音の響きは例外です。これらの音声振動複合体は時空間を超越した力《パワー》を有しており、在るものすべてを構築した光の構成を表しています。

質問者　なぜそれらの音声にはそうした特質があるのですか？

ラー　私はラー。振動複合体においては、（創造されたものとの）対応関係が数学的であるからです。

この時点で、一つの質問に充分なエネルギーが転送されています。

質問者　サンスクリット語とヘブライ語のそうした音声の使い手は、それらの特質をどうやって見極めたのでしょうか？

ラー　私はラー。ヘブライ語の場合は、**ヤハウェ**として知られる存在が、遺伝子コードの素材に刻印することでこの知識の言語化を助けています。

サンスクリット語の場合は、先行するいわゆるアルファベットや文字の名称がなかったため音声の振動が純粋であったので、音声振動複合体は**ロゴス**からもたらされたかのように所定の位置におさまったようです。こちらはより自然で、いうなればお膳立てのない状況／プロセスであったと言えるでしょう。

以前のワークで私たちの交信の一時的な誤配置が起こり、そのあと修正がなされました。ここであらためて下記にご留意いただければと思います。

火のエクササイズでは、最初の螺旋は、緑色光線のエネルギー中枢から時計回りに、肩と頭を通り、肘をへて左手に至るのが見える可能性があります。この回答は、残りの部分の完了を見る前にチャネルの修正がなされました。

現時点で簡単な質問はありますか？

質問者　私たちが媒体をもっと快適な状態にしてあげるために、あるいはこの交信を向上させるために何かできることがあれば教えていただけますか？

ラー　私はラー。すべて順調です。媒体は、あなたがたが〝ゆがみ〟と呼びうる痛みをいくらか引きずっています。首の部分がまだかなりゆがんでいますが、改善した点がいくぶん功を奏しています。配置や調整は良好です。

友よ、私たちは**一なる無限の創造主**の愛と光に今あなたがたをゆだねます。ですから、**一なる無限の創造主**のパワー、そして平和のもとで誇らしく嬉々として前進してください。アドナイ。

session《セッション》 75

October 31, 1981

ラー　私はラー。私は一**なる無限の創造主**の愛と光のなかから親愛のごあいさつを送ります。私たちは今から交信します。

質問者　媒体が、先日グループリサイタルでミサ曲を歌ったのですが、その曲の『ベネディクトゥス』の部分で、二度にわたりサイキック攻撃とおぼしきものを受けたと言っており、その理由がわかればとのことです。

ラー　私はラー。これはけっして些細《ささい》な質問ではありません。重要でない些細な記述は最初に削除します。※

この媒体が神聖視しているそのミサ曲の『ホザンナ（ホサナ）』と呼ばれる部分に先立つ〝歌唱〟の振動では、誰もが疲れきるほどの肉体運動が求められます。いま述べたのは『サンクトゥス』と呼ばれる部分です。さて、ここからが興味深いところです。

イェホシュア※※ Jehoshua という人／存在が、民の聖日のためにエルサレムと呼ばれる場所への帰還を決めたとき、彼は愛と叡智が混合した行為から転じて、叡智のない愛の行為である殉教を受け入れました。『ホザンナ（ホサナ）』の部分とそれに続く『ベネディクトゥス』には、殉教の地に到着した**イェホシュア**に向かってて民衆が叫んだ文言が記されています。「ダビデの子にホサナ！　いと高きところにホサナ！　主の名によって来られる方に、祝福があるように！」という、世間一般に承認されているこの文言は、教会と呼ばれるものによる誤伝であり、いわゆるミサ曲の多くよりゆがみが大きいため、おそらく不幸な出来事であると言えるでしょう。

イェホシュアを迎えた人々には二つの分派が存在しました。最初に出迎えたのは、地上の王を求める小集団でした。しかしロバに乗った**イェホシュア**は、そのいでたちとふるまいをもって、自分は地上の王ではなくローマ人やサドカイ人との争いも望んでいないことを示しました。

※　この章には、サイキック攻撃に関する個人的でやや芝居がかった内容が過分に含まれているように感じられるかもしれません。しかし私たちはよくよく考えた結果、つぎの理由でそうした部分も削除しないことにしました。どんなライトワーカーであってもその仕事で順調に能力を発揮していると、何らかのネガティブな方向性にあるあいさつを引き寄せうると、ラーは示唆しているように思います。そこで私たちは、自分たちの経験とそれについてのラーの考察を読者の方々と共有し、少しでも参考にしていただければと考えています。

※※　**イェホシュア**　以前ラーは、この名前が聖書時代のイエスの名前であることを認めています。

もう一つは数において勝る集団で、ラビや長老からこの存在を揶揄するよう指示された者たちでした。階級制度《ヒエラルキー》に属する人々は、いっけん自分たちの仲間とおぼしきこの存在を怖れていたのです。なぜならその存在は、自分たちの法律を尊重しながらも、じつはそうした伝統のうらをかき民衆を連れ去ってしまうかに、彼らの目には映っていたからです。

この媒体にとって〝すき間〟は、あなたがたの空間／時間に反響するこの精妙な状況にあり、またそれ以上に、殉教への転向を予測させる『ホザンナ（ホサナ）』の位置にありました。私たちはここでは一般的なお話しかできません。媒体は『ホザンナ（ホサナ）』の間（オリオンの）あいさつをしっかり特定していましたが、合唱の自分のパートを振動させることにただひたすら集中していたおかげで、あいさつの力をまるごと被らずにすみました。しかしその後の『ベネディクトゥス』では、このたびの編曲では独唱者による振動の形がとられていたため、媒体のそれまでの集中力はゆるみ、あいさつに対して無防備になっていたのです。

質問者　**その〝すき間〟は、そもそもイエスが殉教の道を選んだために生じたものと私は理解していますが、それで正しいですか？**

ラー　私はラー。この媒体との関係においては、それでかなり正しいです。彼女は愛や、さらには殉教にさえ向かうある種の過剰な偏りに気づいてはいますが、まだそうしたゆがみのバランスをとるまでには至っていません。私たちはこの抑えようのない深い同情の道があやまりであると言っているのではなく、単にその完成度を認めているのです。それは愛の体現の例として、これまでに多くの人々の道標にもなってきています。

しかし、さらに探求を深めたいのであれば、殉教の結果にも思いをめぐらす必要があります。つまり殉教では、殉教者はその密度では、愛と光を提供する機会に終止符を打つことになるということです。人／存在は誰しも、各自のもっとも深い道をさがし求めなければなりません。

質問者　それでは、オリオンの存在がこのゆがみのなかでどうやって〝すき間〟を見つけるのかを、私が理解できているかどうか見てみようと思います。

たとえほんのわずかであっても殉教者の心境になっている人／存在は、その自由意志により、殉教に向かわせようとするオリオン・グループの幇助を受けとりやすくなります。私は正しいですか？

ラー　私はラー。あなたの意見が正しいと言えるのは、媒体がかなり特殊な立場に置かれている場合、つまり魔法のような、あるいは著しく極性化した性質の仕事にかかわり、それに没頭している場合だけです。このグループは極性をたずさえてこの仕事に着手しましたが、その極性の魔法のような性質については事実上無知でした。それが今、見出されつつあります。

質問者　オリオンの存在は、どのようにこの『ホザンナ（ホサナ）』とつながって行動できたのでしょうか？　単にそれは媒体のその時の心的ゆがみのせいで、それが音楽によって示されたからなのか、それともキリストの時代に遡る形而下あるいは形而上のつながりのせいなのでしょうか？

ラー　私はラー。まず第一に、あなたの後者の推測はあやまりです。この人／存在は**イェホシュア**という存在と連動はしていません。しかしそこにはきわめて特異な状況がありました。それはオリオンの光の存在の注目を引いた人／存在がそこにいたということです。

この人／存在は、**イエス**と呼ばれる存在の教えや戒めとなるものに深く傾倒しています。そのため、バッハの『ミサ曲ロ短調』と呼ばれる、音声振動のこの代表的な奉献複合体のもっとも要求の厳しいバージョンを歌で振動させ、このミサ曲の各パートと意識的に共鳴していたのです。かくして、はじめて〝すき間〟の利用が可能になりました。ご覧のとおりこれは決してありふれた出来事ではなく、極度の疲労、信仰的複合体の偏り、オリオンの存在からの注目、特定の一連の歌詞の形而上学的性質などといった要因のうち、どれが欠けても実現しなかったでしょう。

質問者　あなたが話されていた〝要求の厳しいミサ曲を歌った人／存在〟を、オリオンの存在はどうしたかったのでしょうか？

ラー　私はラー。オリオンの存在は、媒体を排除したかったのです。

質問者　それは第四密度の存在ですか、第五密度の存在ですか？

ラー　私はラー。この媒体は、第五密度の存在からあいさつされています。このオリオンの存在は、媒体の心／身体／霊複合体や黄色光線が活性化された身体複合体の処分に関する絶対権を欠いたことで、いくらか極性を失っています。

質問者　あなたは今、ミサで歌っていた（この媒体とは）別の人のことを話しておられるというので正しいですか？

ラー　私はラー。いいえ。

質問者　それではちょっとした誤解があったようです。私は、この〝すき間〟が生じたときミサ曲を歌っていて、媒体と同様にオリオンの存在にあいさつされたと思われる別の人／存在について質問していました。そして、その別の人にあいさつしたオリオンの存在の密度を訊ねていたのです。

ラー　私はラー。私たちは媒体以外の人／存在について話したことはありません。

質問者　わかりました。私の誤解でした。媒体と同じグループで歌っていた別の誰かのことを話されているとばかり思っていました。私たちはこの間ずっと媒体のことだけを話していたというので正しいですか？

ラー　私はラー。それで正しいです。

質問者　混乱してしまい申し訳ありません。おっしゃる通り、ときどき音声振動複合体が適切でないことがあります。

つぎの質問へのお答えは、おそらく私たちの、時間のゆがんだ見方に関わってくると思うのですが、私の考えでは、第五密度や第六密度からこの密度に来ている**ワンダラー**は、ここではすでに比較的高度な熟達度にあると思われます。そして彼らはより高次の密度におけるかつての熟達度を取り戻すため他とは多少ことなる道をたどり、この第三密度で可能な限りそのレベルに近づく必要があります。それで正しいですか？

ラー　私はラー。あなたの質問は焦点が少しあいまいです。この題材は一般論として取り上げます。

今世では意識的に仕事をしていない、あなたが達人と呼びうる**ワンダラー**も大勢います。ですが、それは何に注目するかの問題です。あなたがたの球ゲームの優秀な捕手であっても、投球に注目していなければ球は通り過ぎてしまいます。もちろん球に目を向けていれば捕球は容易でしょう。**ワンダラー**が今世以前に獲得していた熟達度を再現しようとする場合、それが忘却プロセスを看破した後であっても、まだ黄色が活性化された身体にあるせいで、緑色光線や青色光線が活性化された身体をもつ達人なみには反応できないことを指摘しておきます。このように、黄色光線が活性化された身体の化学的器官を通してより繊細な意識の力を操作することにはそもそも困難がともなうため、欲求不満や混乱が生じる必然性にも納得がゆくのではないでしょうか。

質問者　この質問にはお答えいただけないかもしれませんが、じつは媒体が近々入院することになっています。それで何か彼女のためになるご助言がいただけないかと。

ラー　私はラー。私たちが一つ提案をして、あとは**創造主**にゆだねましょう。あなたがた一人ひとりが、自分自身が**創造主**であることを意識してみてはいかがでしょう。そんなふうに**創造主**としての自己を謙虚に愛することで、自己を含む相互のサポートが可能になります。

質問者　前回のセッションで、ヘブライ語とサンスクリット語の特定の音の振動複合体は、創造されたものと数学的な関係にあり、それゆえ力《パワー》があると述べられました。それらがどのようにリンクしているのかについて、私の理解を深めていただけますか？

ラー　私はラー。前にも述べたように、そのつながりは数学的であったり、音楽的ともいえる比率的なものであったりします。心複合体の活動の一環として、この数学的比率を解明しようとする人々がいますが、今のところ、詠唱された母音の音色は正確には測定できない振動の一部になっています。しかし、それはあなたがたの主要素材の粒子の回転タイプに相当します。

質問者　そうした音声が正確に振動している場合、達人の目的にどのような効果や用途が期待できますか？

ラー　私はラー。交感的な共鳴の概念を考えてもよいかもしれません。特定の音声が正しく振動すると森羅万象が歌います。

質問者　ではそうした音声は、さまざまな音声振動が耳に心地よく配置された、音楽的な性質のものなのでしょうか、それとも単音だけのものなのでしょうか？　どちらにより近いのでしょうか？

ラー　私はラー。この質問は簡単にはお答えできません。場合によっては、詠唱された母音だけが効果をもたらすこともあります。それ以外の場合、とりわけサンスクリット語の組み合わせに見られる、精選された和声的音程にも共鳴を起こす性質のものがあります。

質問者　では、達人はこの共鳴の性質を利用して、創造世界／万物とより一体となり、ひいては目的を達成することになるのでしょうか？

ラー　私はラー。そうした状況では、創造世界／万物がますます実践者の中に含まれるようになると言うほうが正確かもしれません。あなたの質問はバランスがとれています。

質問者　そうした性質の、詠唱される音程の音楽名を教えていただけますか？

ラー　私はラー。お教えできません。

質問者　教えていただけるとは思っていませんでしたが、お訊ねしてみるだけならと。

そうしますと、探求者は観察をかさねるなかで、それらの効果を見出して特定していく必要があると推測しますが、それで正しいですか？

ラー　私はラー。部分的には正しいです。あなたが探求を継続すれば、達人の働き方にならうことで得られる感性の鋭さが経験値に加わるでしょう。

質問者　媒体には〝火のエクササイズ〟がいちばんよいのでしょうか、それとも、媒体を助けるためにあなたがすでに提案されていること以外にも、私たちにできる好い方法はあるのでしょうか？

ラー　私はラー。今はこのまま継続してください。未来に影響を及ぼしうることはお話しできませんが、あなたがたがいま在る道を精進するならば、グループ全体にとってより効果的な方法が確立される可能性／蓋然性は大いにあります。

質問者　あなたは以前のセッションで、髪の毛はアンテナであるとおっしゃってましたが、それはどういうことなのかもう少し詳しく訊かせていただけますか？

ラー　私はラー。このアンテナ効果の形而上学的性質を思うと、説明するのはいささか困難です。あなたがたの物理学は、物質的な経験の複合体における測定値に関心があります。時間／空間における交信の形而上学的性質では、髪に意味をなす長さがある場合、それは充電と調整がなされた一種の電池のようになり、交信に小さな異常が生じても交信を支えることができるというものです。

質問者　交信を支えるのにもっとも適切な髪の長さというのはあるのでしょうか？

ラー　私はラー。髪の長さに制限はありませんが、交信の強さや媒体の性質によって、いわゆる最短は約4インチから4・5インチ（10・16から11・43センチメートル）になります。

質問者　まっとうな意志と願望と極性があれば、第三密度の人間でもある程度の癒し《ヒーリング》を行うことはできるのでしょうか？　それとも、癒しの達成に必須である、エネルギー中枢の最低限のバランスというものがあるのでしょうか？

ラー　私はラー。どのような人／存在でも、いつでも瞬時に自身のエネルギー中枢の詰まりを解消してバランスをとることは可能です。ふだん中枢の詰まりや脆弱化やゆがみの程度が深刻であった人／存在が、愛と意志の強さによってとつぜん一時的なヒーラーになることが多々あるのはそのためです。しかし、生粋のヒーラーになるためには、人格の陶冶に向けて本気で自己をみがく必要があります。

質問者　魔法の人格を呼び出す魔法の儀式の実践は、心／身体／霊複合体の総体をどのように助けるのでしょうか？　前回のセッションでのそれについての回答をもう少し掘り下げていただけますか？

ラー　私はラー。魔法の人格が正しくかつ効果的に呼び出されたとき、自己はみずからの高次自己《ハイアーセルフ》を呼び出したことになります。このようにして空間／時間と時間／空間の間に橋がかけられ、第六密度の魔法の人格はそのワークのあいだ第三密度の触媒を直接体験するのです。したがってワーク終了後には、高次自己《ハイアーセルフ》が空間／時間の心／身体／霊の類似体としての適切な構成を回復できるよう、意図して魔法の人格を取り去ることが非常に重要です。

質問者　これはつまり、魔法の人格を呼び出すために何かを身に着けたり身振りをしたりといった行為や、合図や鍵を、召喚の閉幕において慎重に取りはずすなどして無効化する必要があるとおっしゃっていると推測しますが、それで正しいですか？

ラー　私はラー。それで正しいです。心のなかで、または有効な助けが期待できるのであれば身振りででも、入念に行う必要があります。

質問者　さて、魔法の人格の呼び出しですが、初心者では必ずしもうまくいくとは限りません。初心者の場合、明らかな量子的変化が起きて魔法の人格が初心者にやどるポイントがあるのでしょうか？　それとも熟達度に応じて、魔法の人格の小さな度合や割合での呼び出しが可能になってゆくのでしょうか？

ラー　私はラー。後者が正しいです。

質問者　魔法の人格の三つの側面はパワー、愛、叡智とされていますが、これは正しいのでしょうか？　また、魔法の人格の主要な側面はそれだけなのでしょうか？

ラー　私はラー。魔法の人格の三つの側面すなわち〝パワー、愛、叡智〟は、達人の基本的な道具《ツール》である〝自己〟を発達させる際、それぞれの側面に注意が向けられるようそう言われているのであって、魔法の人格が三つの側面だけからなるわけではありません。それは一なる存在であり、第六密度の存在であり、あなたが**高次自己**《ハイアーセルフ》と呼ぶものに相当すると同時に、多様な体験と感情の機微をひじょうに豊かに併せもった人格なのです。

この三つの側面は、初心者がその〝商売道具〟を乱用することなく、愛と叡智の中心にいてバランスを取りながらそれらに近づき、奉仕のためにパワーを求めることができるようにと与えられているのです。

質問者　それでは、魔法の人格を発達させるには、まずはパワーの瞑想、つぎに愛の瞑想、そして叡智の瞑想というように、瞑想を順ぐりに行い、それを継続させるのが好いというので正しいでしょうか？

ラー　私はラー。それが適切な手法であるのに間違いありません。このグループでは、各人／存在が原型《アーキタイプ》に迫るかたちでそれらの性質のいずれかを顕在化させることも一助になります。このようにして視覚化はよりパーソナライズされ、グループ内で多くの愛とサポートが生み出される可能性があります。

質問者　**あなたは以前のセッションで〝真の達人は、いよいよあるがままを生きている〟とおっしゃいました。そのご発言を、もうすこし詳しく説明していただけますか？**

ラー　私はラー。人／存在は誰もがみな、一人ひとりが**創造主**であり、ますます自己を意識するようになるうちに、他者への奉仕と自己への奉仕のどちらを求めて生きてゆくかを決める分岐点にさしかかります。そして赤色、オレンジ色、黄色、青色、そしてポジティブな緑色を加えたエネルギー中枢において最小限のバランスが取られたとき、探求者は達人となり、藍色の仕事に移行してゆくのです。

その後の達人は、儀式の段取りなどといった外面的な仕事を減らしてゆき、在り方にかかわる内面の仕事を行うようになります。そしてますます意識的に結晶化した存在／人になってゆくにつれ、その達人は次第に〝時間が存在する前から常にそうありつづけてきたところのもの〟つまり一**なる無限の創造主**をなおいっそう顕在化させるようになるのです。

この媒体は、いきなり痛みの増加に向かうゆがみを見せはじめています。

よって私たちは、このワークを終える前にごく簡単な質問のみを受けつけます。

質問者　私たちが媒体をもっと快適な状態にしてあげるために、あるいはこの交信を向上させるために何かできることがあれば教えてください。

ラー　私はラー。あなたがたは良心的です。調整もよくいきとどいています。

私はラー。友よ、私たちは**一なる無限の創造主**の愛と光にあなたがたをゆだねます。ですから、**一なる無限の創造主**のパワー、そして平和のもとで嬉々として前進してください。アドナイ。

訳者あとがき

本書は、『ラー文書「一なるものの法則」』の第一巻、第二巻（いずれもナチュラルスピリット刊）の続編で、全部で106回におよぶ「ラー」との交信記録の№51から№75が収載されています。

「ラー」は第六密度に存在する集合意識の一部でみずからを社会的記憶複合体と称し、**無限の一なる創造主の一なるものの法則**に則った奉仕を行うという趣旨において同調する**惑星連合**のメンバーでもあります。**「ラー」は一なるものの法則**の慎ましきメッセンジャーとして、あらゆるすべては**ひとつ**であり、それが私たちの性質であり目的であることを人類に伝えるため、太古の時代から地球を訪れているのです。

本書では、先行する二巻で論じられた題材のさらなる探究にくわえて、このたび地球と人類が次元上昇《アセンション》に臨むにあたり二元的極性の融合が期待されるなか、現状維持をのぞみ融合を阻止したい勢力による**サイキック攻撃**とその**対処法**、人類の進化に貢献するため転生してきた**ワンダラー**をふくむ新しい地球人たち、進化をうながす**触媒**の仕組み、種々の**エネルギー移動**／**伝達**、**原型《アーキタイプ》的な心《マインド》**の進化に照らした解釈、さらに**高次自己《ハイアーセルフ》**の立ち位置、**空間**／**時間**（外なる世界）と**時間**／**空間**（内なる世界）、癒し《ヒーリング》と医療、パラドックス考、ピラミッドパワーの適用、予言、魔法などについて詳述されています。じつに四〇年前のこうした情報の数々は、色褪せるどころか、現時点においていよいよ新鮮かつ身近なものとして、日常的活用が可能に思われることにおどろかされます。

ときにはユーモラスに、ときにはただ淡々と語られるラーの言葉からは、いつもながら私には、第一に私たちの自由意志と主体性を尊重しつつ、私たちのバランスを気づかい、気もちを高めてくれる、ラーの人類に対する深い思いが感じられます。本書の随所で、〝ああ、なるほど〟〝そうか、やっぱり〟などといった、自己と親和し共振するある種の感覚を読者の皆さまと分かち合えることを願ってやみません。そしてはからずも本書が、ラーも言っているように、自分を赦《ゆる》し、慈しみつつ、他者への奉仕の道をえらび究めることによって〝源〟である**一なる創造主**に奉仕せんとする意志の再確認や、自分が実はすでにその道にあること（あるいは**ワンダラー**であること）の気づきへのささやかなよすがになるのであればそれにまさる喜びはありません。

本書の訳出に際しましては、ひきつづき本シリーズの翻訳の機会をあたえてくださったナチュラルスピリット社の今井社長、私の拙文をわかりやすく整えてくださった編集者でありヨガ講師である西島恵氏、本シリーズのためつねに格調ある装丁をしてくださる斉藤よしのぶ氏、そして本文デザイン・DTPの山中央氏に心より御礼もうし上げます。また本書を手にしてくださった、まさに寛大で辛抱づよくあられる読者の皆さまにも厚く御礼もうし上げます。

昨今いよいよ関心が高まりつつある次元上昇《アセンション》（収穫）をまえに、ラーからの励まし《エール》をご紹介して結びのことばとさせていただければしあわせです。

〝あなたはあなたがたの惑星は、ある申し分のない、強烈なひらめきの瞬間に、一気呵成に、調和への極性化を成し遂げることができるとお思いですか？

できますとも、友よ。それは一見ありそうもないようで、じつは、じゅうぶん可能なことなのです。〟

紫上はとる

二〇二三年八月八日

✣訳者✣

紫上はとる（Hatoru Murakami）

神奈川県生まれ。翻訳家。幼少時から異次元や不思議なこと、古代エジプト美術などに惹かれる。多様な文化に触れるなかで精神世界への興味と造詣を深めるようになった。主な訳書に、『セスは語る』、『完全アセンション・マニュアル』上下巻、『ハトホルの書』、『新・ハトホルの書』、『ラー文書「一なるものの法則」』第 1、2 巻、『オーラ・ヒーリングのちから』、『イニシエーション』、『アルクトゥルス人より地球人へ』『サナート・クマラ物語』（いずれもナチュラルスピリット）などがある。夫、動物たちと離島に暮らす。

ラー文書

「一なるものの法則」第三巻

●

2023年9月23日　初版発行

著者／ドン・エルキンズ、
カーラ・L・ルカート、ジェームズ・マッカーティ
訳者／紫上はとる

装幀／斉藤よしのぶ
編集／西島 恵
DTP／山中 央

発行者／今井博揮
発行所／株式会社 ナチュラルスピリット

〒101-0051 東京都千代田区神田神保町3-2 高橋ビル2階
TEL 03-6450-5938 FAX 03-6450-5978
info@naturalspirit.co.jp
https://www.naturalspirit.co.jp/

印刷所／モリモト印刷株式会社

ISBN978-4-86451-443-9 C0011